中公文庫

文庫の読書

荒川洋治

中央公論新社

目次

II

III

文庫の読書

I

畳の上の恋

尾崎紅葉『多情多恨』

尾崎紅葉（一八六七―一九〇三）の『多情多恨』（岩波文庫）は明治二九年に書かれた。いま読んでも、たいへんおもしろい。いつもどこかにいるような人たちが、そしていまも普段にみられることがらが、ごたごたせず、すっきりと描かれている。

鷲見《すみ》柳之助は、物理学の教師。まだ若いのに、妻が病気で死んでしまう。亡くなって何日もたつのに、悲しくて悲しくて。そのふさぎようは、尋常ではない。

「彼の胸の内には、その可愛《かわゆ》い可愛い妻の類子《るいこ》は顕然《まざまざ》と生きているのである。」

文章には、ルビがついており、とても読みづらいように、はじめは思うが、ことばを知るよろこびもあるので、とか思ううちに、すぐになれた。ともかく妻が亡くなって、彼の心はからっぽなのである。妻に会いたい。その墓に朝まいりに行くが、夕方になると、また墓まいりに行きたくなる。一日に二度では、世間体がなどと人にいわれて、がまんするというくらいに彼は、はためにも、あわれな日々を過ごすのだ。

彼には、葉山という親友がいた。妻類子と、この葉山だけを彼は好きだった。それ以外に、世界のなかった人である。さて、その葉山くんに、うちにでも来いよといわれて、行く。葉山家からは、富士山が見える。

「好い！　君の家《うち》は好いな、僕の家はいかん。こういう所にいたい」と柳之助。

「いたければ、どうだい、当分来ていては」と葉山。

でも、柳之助にはひとつ気になることがあった。

「富士の雪は好い、座敷は奇麗で、陽気で好いが、ただ一つ好くないのは、細君が居る！　その虫の好かぬお種さんと同じ家にいられようか」という気持ちからである。

その人のことは、好き。でもその奥さんのことは、好きではない。これは、よくあること。そのために、いまも、苦しむ人は何万もいることだろう！

だが、その好きではない葉山の奥さんと、ふたりきりになったときから、少しずつ心と心がくっつくようになる。新しい気持ちが、芽生える。お種（葉山夫人）に、茶の間の畳の上で、お茶、お菓子（ワッフル）などごちそうになる。夜おそくまで、二人のぎこちないおしゃべりがつづく。

〈「……御迷惑でしょうけれど、もう少しいらしって下さい、いいですか。貴方が行ってしまわれると、また寂しくなる、僕はそれが心細いですから。」

「それでも貴方もう四時ですよ。」

「四時!? 御迷惑でしょうな。」

「朝が早うございますから、もう私も臥《ふせ》りませんでは。」〉

ああ、なんと百年前も、人は時計の針で生きていたのだ。さて、お種は、柳之助のことをどう思っているのか。読む人にも見えてこない。恋なのか、恋のまぼろしなのかも定まらないまま、物語は終盤をむかえる。この作品には、ひとつの恋のようなもののまわりに、最低限これだけは必要だと思われる少数の人たちがいる。その人たちが、とんだりはねたりするようすが、水量豊かな文章でつづられる。彼らはあふれるほどのことばを出しているのに、人間らしい愛嬌と節度がある。そのへんにはそれ、このへんにはこれというように登場のこつを心得た感じがある。

愛する人を失うと、立ち上がれない。友人の奥さんのことで、ひそかに悩む。自分にわからない感情で、浮いたり沈んだりする。誰もがそんなことで人生を終えていく。でもどの場面でも人は心のなか、頭のなかをぴょんぴょん、はねまわっているのだ。そんな人間の楽しさをとらえた、近代日本最初の傑作である。

（一九三九年、二〇〇三年改版、岩波文庫）

子どもの思い出

国木田独歩『運命』

中学のとき、〈少年少女日本文学選集〉の第八巻『国木田独歩名作集』（あかね書房）で、国木田独歩（一八七一－一九〇八）の「馬上の友」「画の悲《かなし》み」を見つけた。ぼくの最初の読書だと思う。いまは岩波文庫『運命』に収録。懐かしいのでよく読み返す。

「馬上の友」は一五歳のときの、「かし馬」の家の友だちのこと。彼は貧しくて、学校に行けない。こちらは遠くの学校へ進むことになり、彼は馬に乗って見送ってくれる。もうここでいいから、というと、「もすこし」。そのあと無言で別れる、二人の姿はいまも鮮やかだ。胸にせまる。

「画の悲み」の少年は、負けず嫌い。同じく画が上手で、性格温順な友だちのことが好きではない。ある日、画をかいている彼と、ことばを交わす。「君は何を書いて居るのだ」。二人はそれから、だいの仲良しになる。いっしょに画をかきに、野原を歩く。歳月が流れ、彼が一七歳で病死したと知り、ともに歩いた野末に行き、涙を流す。ふとしたことで友だちになる。嫌いと思っていた人と心が通う。きっかけはどれも一瞬のことだが、ことばにならないほど神秘的なものだ。こうした人間の大切な場面が明治の時代から、ていねいに扱われていたことをあらためて知る。むずかしいところを一つ一つのりこえていく人生を、作者は明るく簡潔に記す。ときに広いところで見つめる。

おとなが出る作品もいい。漱石が絶賛した「巡査」。青年作家は、ふと知りあった巡査山田銑太郎のひとり暮らしの部屋に招かれる。山田巡査は、いやあ、読まれちゃ困りますといいながら、引出しから自作の漢詩文を出したりもして。二人のようすは終始楽しい。温かみのある、美しい作品だ。

「悪魔」は、若き牧師の出現による心の渦巻きを新形式でつづる。読むたびに、底深い印象がある。このあとの日本文学にはない破格の名編だ。

出身学校はどこなど、学歴で生きる人たちが、別の見方もするようになる「日の出」。どんなときも誰もが、このように別の見方ができると感じさせる。子どもとおとなが忘れてはならないことを描く。それが国木田独歩の作品だ。

塩田良平の解説によると、「近代作家として新らしい驚異の念を持たれ出したのは、この『運命』発行後といってよい」。『運命』（一九〇六）が出てから、その五年前の『武蔵野』（一九〇一）が、人々に読み返され、そこから独歩への評価が興ったらしい。すてきなことだと思う。いいものに出会うと心が明るむ。これからも、会いたくなる。それが独歩を読むことなのだと思う。

（一九三九年、一九五七年改版、岩波文庫）

集落の相貌

田山花袋『田舎教師』

田山花袋（一八七一―一九三〇）の「田舎教師」は、一九〇九年に書かれた近代文学の代表作の一つ。旧版の岩波文庫、新潮文庫に続く岩波文庫『田舎教師』（二〇一八）は、新たな解説（尾形明子）を付す改版である。

利根川流域の埼玉・羽生《はにゅう》が舞台。田山花袋は、羽生の建福寺（作中では成願寺）を訪ねたさい、ほとんど未知の実在の青年小林秀三（二一歳で死去・作中では林清三）のことを知り、残された日記と伝聞、実地調査をもとに、その人生を照らした。それが「田舎教師」である。その書き出し。

「四里の道は長かった。その間に青縞《あおじま》の市の立つ羽生の町があった。田圃にはげんげが咲き、豪家の垣《かきね》からは八重桜が散りこぼれた。赤い蹴出《けだし》を出した田舎の姐《ねえ》さんがおりおり通った」。青縞は、埼玉北部地域特産の藍染織物。

中学を出た春、羽生在の弥勒《みろく》小学校の代用教員になった林清三が、隣町・行田の自宅から小学校への長い「四里の道」を歩く場面だ。「人の好《い》い父親と弱々しい情愛の深い母親とを持った」清三は、「明星」を読み、「行田文学」で活動し、文学を志すが、家は貧しい。あてのない希望にとらわれ、恋愛でも学問でも「消極的に傾いて来て、例えば柱と柱との間に小さく押附けられてしまったような気がした」。

清三は特別な才能も魅力もない、いわば凡常の人。それに合わせるかのように、田山花袋は清三の内面も、同僚、友人、児童、家族の姿も、淡々と描く。静かで平板な文章は、かえってこの小説のものさびしさを引き立てることになり、多くの人の心をとらえた。

利根川南岸地域、羽生、行田、熊谷は「平坦な街道」で結ばれ、一帯は高低差のない平地だが、一つ一つの集落には地域の人にしか見えないものがある。「田舎教師」はそうした地域の相貌を、可能なかぎり描き出そうとする。そこにも、この小説のよさがあるように思う。以下、一部の町域名に郵便番号を付す。

羽生と大越《おおごえ》（３４７－０００１）の間には、乗合馬車がある。全編を通して基本となる街道の一つ。ちょっとしたものを買う店がある新郷（現在の上新郷、下新郷）。田圃のなかにも、こうした集落がいまも日本各地にあることだろう。機屋《はたや》が多く、当時は「風儀の悪い」発戸《ほっと》、同じ空気の群馬・赤岩。茨城の遊里・中田の客の在所の一つ、茨城・塚崎

（３０６−０４０５）は、離れているが利根川沿いだ。こんなところからも男が中田に来ることがわかる。

贋物の書画を扱う父親。最初は行田・下忍《しもおし》に行っていたが、近くでは商売がしづらくなり、「この頃では熊谷妻沼《めぬま》方面よりむしろ加須、大越、古河に多くなった」。この「熊谷妻沼」（大小の町の合成）という表現には、土地の人の方向感覚がにじむ。

「下村君、堤、名村などという小字《こあざ》があった。藁葺屋根が晨《あした》の星のように散《ちら》ばっている」。名村は、現在の名《みょう》。ぼくは先日、ここを歩いた。利根川の堤に沿う各集落の並びがきれいだ。川端康成、横光利一、片岡鉄兵が一九三八年四月、「田舎教師」の遺跡を訪ねた。この界隈と思われる。そのときの写真が弥勒・円照寺の資料館に展示されている。

清三はある夜、弥勒から火事を見る。「やがてその火事は手古林であったことが解った」。弥勒から手古林（現在の手子林）の方角に立ってみると、たしかに見晴しがよい。清三は、中田の遊郭から帰るとき、人に見られないように、こっそり迂回。北岸の麦倉（３４９−１２１２）の茶店で、ラムネと梨を買って疲れをいやし、渡し舟にのる。本書カバー・岡田三郎助の絵はその風景。麦倉では、利根川の眺望がひらける。川に沿う高い電柱の列が遠くまでつづき、いまも美しい。

この「田舎教師」には、清三がかかわる字《あざ》だけでも三〇ほど登場。一二五ページの森、高木以外のほとんどの地名は、作品発表から一〇九年たった現在もそのまま残り、郵便番号簿、市街図で確認できる。

後年、一家は行田から羽生へ移転。引越車に荷をのせて、長い道を歩く。「長野の手前で、額《がく》が落ち懸りそうになったのを清三は直した。母親はにこにこと嬉しそうな顔色《かおつき》で、いろいろな話をしながら歩いて行く」。新生活に向かう場面だ。長野（３６１―００２３）へは約一キロ。家を出てまもなく、額が落ちかけたことになる。地名があると、作品の空気をよりこまやかに感じとれる。

林清三は、日露戦争「遼陽占領の祭」で町じゅうが歓喜にわきかえるなか、ひとりさみしく死んでいく。秋の末。墓のある寺の裏の森。「その森の傍《かたわら》を足利まで連絡した東武鉄道の汽車が朝に夕に凄じい響を立てて通った」。これが「田舎教師」の最後に現れる文章である。足利は、清三が八歳までを過ごした懐かしい町だ。もうそこには行けない町だ。

人は、地理とのかかわりのなかにいる。集落の位置。他との間隔。広さと戸数。地勢と方角。沿革。個性と役割。表情。それらがその形をして、いまもあることの意味。それは人間のありかたそのものであり、誰もがこれからも大切に見ておきたいことである。田山花袋は地域を見つめた。人間の基本となる世界を、ていねいに描いた。

（一九三一年、二〇一八年改版、岩波文庫）

忘れられる過去

近松秋江『黒髪 他二篇』

近松秋江（一八七六―一九四四）の「黒髪」は、大正一一年の作品である。岩波文庫『黒髪 他二篇』（一九五二）の他、講談社文芸文庫『黒髪・別れたる妻に送る手紙』（一九九七）などに収録。新字新仮名で引用。

「……その女は、私の、これまでに数知れぬほど見た女の中で一番気に入った女であった。」

「私」（作者その人と思われる）は京都の祇園町の遊女に思いをよせる。

若くて、きれい。姿よく物静か、ときおり濡れる「黒眸《くろめ》がちの眼」も魅力。「こんな女を自分の物にする悦びは一国を所有するよりもっと強烈なる本能的の悦び」「身も世もありはせぬ」。彼女を自分のものにしたい、いっしょになりたい。彼女ほしさにせっせと仕送りをする。五年間も。

京都に出かけて会う。会えば彼女はうれしそうにするが、気持ちをたしかめようとすると、(まるで男のせりふのように)「又後で話します」「私又あとで逢います」といって消える。そのあと、現れたりする。その繰り返し。

〈「じゃ、これからそろ〳〵宿の方にゆこうか。」というと、

「私、今すぐは行けまへんの。あんたはん先き帰ってとくれやす。夜になってから行きます。」

「なぜ今いけないの。一緒にゆこうじゃないか。」〉

彼女に「私」はだまされているのだ。読者にはわかる(はっきりわかる、すぐわかる)、「私」にもそれはわかるのだが、「私小説」は「私」の小説なのだから「私」の思い、「私」の観測がまちがっているなどとは思わない。たとえ思っても信じない。彼女のことを一心に思いつめ、「私」はおぼれていくのだ。

「黒髪」は、待つことから生まれた名作だ。待っててねといわれて、男が待つ場面が多い。待つのは飽きるので散歩くらいしたい。でもほんのしばらくの間なので、あまり遠くへ行ってはまずい。

「女中の静かに汲んで出した暖い茶を呑んでから、先刻女と電話で約束した会合の場所が、そこからすぐ近いところなので、時計を出して見い〳〵遅刻せぬようにと、ちょっと其処

までといい置いて、出て行った。」

　時計を見い見い、とはかわいいではないか。男は、好きな女のことになると、みなこのように、あほになる。そのあと、周囲の京の風景を描いたあとで（その文章がいつもいいのだがここではカット）こんなふうに書く。

「そして、あまり遠くへゆかぬようにしてそこらを少しの間ぶら〳〵しているところへ、此方に立って、見ていると細い坂道を往来の人に交ってやって来るのは、まぎれもない彼女である。」

　目をとめたいのは、「そこからすぐ近いところなので」とか、「あまり遠くへゆかぬようにして」ということばである。これらはいったいなんのために、書かれているのだろうか、ちょっと考えてみたくなる。簡単なようで、これはむずかしい問題ではなかろうか。

　読む人のために、状況がはっきりわかるように書いているのか。たしかにそれは解釈として無理がない。でもこの作品は、彼女にふられることがわかってから、あるいはふられたあとで書いたのだから、つまり気持ちが落ちこんだあとで当時の模様を回想しているのだから、普通なら、つらくて思い出したくもないことだ。なのに、

「そこからすぐ近いところなので」

「あまり遠くへゆかぬようにして」

「此方に立って」

などとこまかいし、こう書くことに、かなしむようす、疲れるようすがまるでない。そのときは、うれしくて、楽しみで、希望があったにしても、どんなにそれがあったとしても、絶望、失望という結果のあとでは、くやしくて男なら書かない。男は失敗したら書かないものなのだ。ところが近松秋江は書くのだ。

そのときは、そういうふうにうれしくて、どきどきして、気はずかしくもあった。「私小説」家は、結果はともかく、そのときの思いを忠実に書き記してこそほんものなのだと思って、書いたのだろうか。ちがう。まったくちがうのである。この人は（この作家はと書こうとしたが「この人は」になってしまった）、いまも、この作品を書いているいまも、そう思っているのである。彼女を信じているのである。いまも、いまになっても、希望があると思って書いている。ここがこれまでの「私小説」とは決定的にちがうのだ。

さて先に述べたような、不完全燃焼の「会合」は何度も、何度も繰り返されるのだが、「私」はそれでも待つ。でも、がまんできなくなるときがある。それはそうだ、いつまでも待てるものではない。こちらから、彼女のいるところへ出かけたくなるのがあたりまえ。

そのときのようすは、こんなものになる。一節を引く。圏点はぼくが付けた。

「依然として知らん顔をして何のたよりもして寄越さなかった。とうとう又根負けして此方から出かけて行って」

「私は、こちらでも稍《や》や暫く黙って、わざとらしく、じろ〳〵女の顔を見ていたが、やっぱり遂に根まけして」

「私は又女のいうことにいくらか不安をも感じたが、本来それほど性情の善くない女とは思っていないので、段々疑いも解け、その気になり」

「彼女は容易にやって来なかった。悠暢な気の長い女であることはよく知っているので、そのつもりで辛抱して待っていたがしまいには辛抱しきれなくなって」

待って、待って、待ちくたびれる。そして「根負け」して、自分から出かける。この繰り返しについて、秋江はどう思っているのか。

同じことを書いているという気持ちは、ないのではなかろうか。そのときそのときに、そう思ったことが、秋江の場合絶対のもので、少し前に同じようなことがあったとしても、また書いたとしても、そうした過去のできごとはすっかり忘れられた。文章のなかの過去を消していくことができた。書いたことが少しも身になっていないのだ。これは一度書いたことをたいせつにする文学にはゆるされないことであり、なかなかできないことでもあり、文学としては新しいことである。

「女の約束していった二時間のちのたよりを、それがどんなものであるかという不安で堪らない中にもいい難い楽しみに充ちた期待を以って待つ心でいた。」

　こう書く秋江に、ぼくは感動を禁じ得ない。

「……読みさしの新聞などを見ながら女の来るのを今か〱と待ちかねていた。女はなか〱やって来なかったので、とうとう空腹に堪えかねて独りで、物足りない夕食を済ましてしまった。」

「そんなことが二三度繰返された後、私はとうとう待ち切れなくなって、腹立ちまぎれに、又いつかの時のように、先きに一人で食べてしまったら、きっと来るだろう、早く顔を見せるまじないに先きに食べてしまおう、と思って」

　いつだったか。先に食べていたら、彼女が来たことがある。そうだ、先に食べていようとは、いじらしい。女と会えるかと思って、食べている。それは好きな女をもつ男たちの、いつもの姿である。これまでの文学の人は、こんな恥ずかしいことは書かなかった。

　秋江は書いた。

（一九五二年、岩波文庫）

世の中の世界

『世の中へ・乳の匂い――加能作次郎作品集』

本書『世の中へ・乳の匂い』は、能登生まれの小説家、加能作次郎《かのうさくじろう》（一八八五―一九四一）の主要作を収めたものだ。加能作次郎の文庫が刊行されるのは、生前、没後を通して初めてのことであり、新しい読者との出会いが期待される。

加能作次郎は明治一八年、石川県羽咋《はくい》郡西海村（現在は志賀町《しかまち》）の生まれ。父は漁師。母は翌年亡くなり、継母に育てられた。一三歳のとき、伯父を頼って京都へ。伯父の店で丁稚奉公をさせられたあと、数々の下積みの職につき、小学校で教師をしたあと、明治三八年上京、早稲田大学に入学した。在学中、片上伸らの推輓《すいばん》により「ホトトギス」に、海外文豪の紹介や評伝、第一作となる「恭三の父」を発表する。卒業後は早稲田大学出版部に勤務。大正二年、博文館に入り、創作に専念する大正一〇年まで、文芸投稿誌「文章世界」の編集にあたり、書き手を育てた。

大正七年の長編「世の中へ」が好評を呼び、文壇的地位を確立したが、新文学登場の陰になり、昭和期には活動がよわまる。昭和一六年八月、『乳の匂い』（牧野書店）刊行を目前に、五六歳で他界。広津和郎「美しき作家」（昭和一六年九月）などその作品を愛する人たちの文章が残された。本書収録作品の初出紙誌は、次のようになる。

「恭三の父」	ホトトギス	明治四三年七月号
「汽船」	文章世界	大正三年四月号
「迷児」	早稲田文学	大正七年六月号
「世の中へ」	読売新聞	大正七年一〇―一二月
「羽織と時計」	新潮	大正七年一二月号
「屍を嘗めた話」	太陽	大正九年七月号
「母」	早稲田文学	昭和一〇年一二月号
「乳の匂い」	中央公論	昭和一五年八月号

「恭三の父」は、東京の学生となった主人公が帰省したときのこと。文字の読めない、無学な父と口論に。それでも保たれる、父子の情愛が描かれる。「汽船」では、結婚した二

人を、村人たちが見送る。海の景色を見ながら、一休み、また一休みするようすがおもしろい。郷里の習慣と風光を伝える佳品である。「迷児」は数えで七つのとき、連れられていった京都で道に迷うときのこと。家にたどりつくまでの子どものようすは、四年後に書かれた芥川龍之介の短編「トロッコ」（大正一一年）に通じるものがある。

「世の中へ」は一三歳で郷里を出奔、伯父を頼って京都に向かう話。期待に反し、伯父の家で働かされることに。そこに渦巻く人間関係はとても複雑なものだが、おとなの世界のつめたさ、あたたかさを、小さな体で受けとめていく。再会した姉との町歩き。能登からかけつけた父との、病室での語らい。これまで言えなかった「お出でやあす」「お帰りやあす」を声に出す最後の場面など、読む人には忘れがたいものとなるだろう。

人間の書き方も、かたよりがない。いい人もわるい人もいる。それぞれの姿をみせて人生を歩く人たちを、あたたかみのある文章でつづる。誰もがこの少年のように「世の中へ」の道を歩いた。不安な道を歩き、生きるつらさに、よろこびに気づいた。時代は変わっても一筋の道が、心のなかに見えることに変わりはないだろう。当時、正宗白鳥ほか多くの批評家が、この作品への高い評価を記した。たまたま先日開いた加藤武雄『小説の作り方』（新潮社・昭和一一年）に、〈以前は新聞で芸術的な中篇小説、例えば加能作次郎氏の『世の中へ』のような作を掲載したが、近頃余りそういうことをしなくなり〉という一節をみつけた。この作品が、そのあとも人々の記憶におさまっていたしるしだろう。

「羽織と時計」は、出版社につとめていた頃の話。もらいものをここまで負担に感じることもないように思うが、作者の生活態度を示す作品となった。そういえば「迷児」にも羽織が出てきた。「屁を嘗めた話」は、民話のような語りを通して、漁村の生活を伝える異色作である。〔付記／「羽織と時計」の文章は、二〇二一年大学入学共通テスト「国語」の問題に出題された。各紙同年一月一七日朝刊に掲載。〕

「母」は、長い歳月をともにした「第二の母」への思い。母の昔話を聴く場面が楽しい。「昔あったとい。」と母が言うと、「聴いたわね。」と子どもたちが応じる。それが昔語りを聴くときの作法らしい。「聴いたわね。」ということばは「もう聴いたから、知ってるよ。先へ行ってよ」かと最初ぼくは思った。そうではなく「そうですか、確かに聴きました」なのである。ぼくはこの「母」という短編を読みおえるときには、いつも「確かに、読みました」とつぶやきたい気持ちになる。

「乳の匂い」は、『日本現代文學全集』第一〇五巻（講談社・昭和四四年）、『日本短篇文学全集』第二九巻（筑摩書房・昭和四五年）などに再録されたので、この作家のものではもっとも知られた作品である。お信さんが母乳で少年の眼を洗う夜の光景は、昭和文学屈指の名場面に数えられよう。

加能作次郎は、二百編あまりの小説を残したが、自分の人生の時間を記録するものが多い。おもだったものを作者の暦どおりに並べかえると「母」「迷児」「世の中へ」「乳の匂い」「恭三の父」「汽船」ということになるだろうか。作者は能登を離れたあとも、心のなかで郷里との間を行き来し、子ども時代を振り返り、その間の出会いや別れを誠実に、心をこめて書きつづけた。その意味では変転のない作家だったといえるかもしれない。だが、かけがえのないものが、その文学には感じとれる。

「恭三の父」をぼくが読んだのは中学生のときである。新潮社『日本文學全集』第七〇巻(昭和三九年)の「名作集㈡ 大正篇」に「恭三の父」があった。いまも昔も、父と息子はけんかをするのだなと思った。恭三と自分をかさねながら、親しみを感じたことをおぼえている。

だが、この作品は恭三ではなく、恭三の父、浅次郎が語ることに力点があったのだ。

文字の読めない浅次郎は、来た手紙を読んでくれと息子に言う。きまりきったあいさつ状など読んでなんになると、面倒に思い、てきとうに読んでいると、父は文句を言う。

「分らんさかい聞くのじゃないか。お前はそう言うがそりゃ負惜しみというものじゃ、六《むっ》かしい事は己等《おれら》には分らんかも知れねど、それを一々、さあこう書いてある、ああ言うてあると歌でも読む様にして片端から読うで聞かして呉れりゃ嬉しいのじゃ。お前が他人に頼まれた時に、それで宜いと思うか考えて見い。無学な者ちゅう者は何にも分らんとって、一々聞きたがるもんじゃわい。分らいでも皆な読うで貰うと安心するというもんじゃわい。」

浅次郎の言う通りである。当時の地方の人たちのなかには、文字が読めない人もたくさんいた。その風土のなかから、文字をあつかい、ことばをつらねることのできるものが都会に向かうことは、いまでは想像できないほど特別なことだったかもしれない。そういう当時の社会において、人のことばは、書くにせよ、聞くにせよ、どんなときであれ、この父のいうように「歌でも読む様に」示されるものでなくてはならない。この小説のなかの息子もまた、実は心のなかでそう思っているし、そのことのたいせつさを感じているのである。そこに、郷里と加能作次郎の絆があった。それは都市の文学がおき忘れたことであり、今日まで文学を思うときに忘れ去られていることである。そうした作者の意識はどんなところにあらわれるのか。

この父親のせりふは、ずいぶん長い。それは何か所かにわたる。主人公である息子のことばよりも長い。だがここはもっとも重要なところであると、作者は考えたはずである。そうした表現上の判断で加能作次郎に迷いはない。そこではことばを惜しむようすがない。ことばは燃え、長い歌のようになる。「母」という作品もしかりである。実の母子ではないので、二人はともに心から溶け合うことができない、というくだり。以前書いた一節を引用しているのだが、ここもことばの量はゆたかだ。そのためにバランスがくずれ、作品全体がおおきく「傾く」かのような印象がある。でもこうした配置、構成が梃子《てこ》のようにはたらいて、登場人物の思いを伝える力となる。このようすは「世の中へ」「乳の匂い」などにもあらわれて、作品に彩りと深みを与える。

加能作次郎は学生時代、「ホトトギス」で三年間、ツルゲーネフ、イプセン、ゴンチャロフ、トルストイ、ビョルンソンなどの作家紹介や作品論を書いた。卒業後もつづき、子ども向けの紹介や翻訳（一部は重訳）もふくめれば、かなりの量にのぼる。それらは客観的にみて高度なものとはいえないかもしれないが、「恭三の父」の世界も、そうした作者の日常と無縁ではなかったはずだ。外国の作家を知らない人のための仕事だから「恭三の父」の父が言うように、ときには歌うように書くことも必要になる。きまりきったことを述べることも、たいせつになる。作品を書くうえで、どんなことがだいじなのか。伝え方はどうするのか。加能作次郎は、紹介や翻訳を通して世界の文学と交流し、人間を描くために欠かせないものを学ぶことになったのだろう。そんな若き日の生活が、文学への思いを深め、みずからの文章を励まし、支えたのではないか。故郷に心を向けながら、加能作次郎は新たな「世の中」へと向かっていた。よりひろい世界のなかに置かれる、文学の姿を夢見たのだ。だからだろうか。「汽船」にしても「母」にしても、そしてその他の作品にしても、ぼくは加能作次郎の作品を読むたびに、未知の光に顔を打たれるような、新鮮な感じにおそわれる。ときには外国から港に着いたばかりの作品を、潮風のなかで開く。そんな気持ちになるのだ。

「昔あったとい。」「聴いたわね。」の声は、美しい。そして楽しい。その声は優しい文字、あたたかいことばとなって、世の中へ届けられた。

（荒川洋治編。二〇〇七年、講談社文芸文庫）

「銀の匙」の女性

中勘助『銀の匙』

中勘助（一八八五―一九六五）の小説「銀の匙《さじ》」は、前編が大正二年、後編が大正四年、「朝日新聞」に連載され、大正一〇年、岩波書店から刊行。以来多くの人に読まれてきた文学作品の代表格。国民的名作といってもよい。現在、『銀の匙』（岩波文庫）、『銀の匙』（角川文庫）、『銀の匙』（小学館文庫）などの文庫で読むことができる。

明治一八年の東京に生まれた作者が、子どものときの情景を描く。冒頭の「小箱」の描写。以下、角川文庫から引用。

「なにもとりたてて美しいのではないけれど、木の色合がくすんで手触りの柔らかいこと、蓋をするとき　ぱん　とふっくらした音のすることなどのために今でもお気にいりの物のひとつになっている。」

そこに入れられた、小さな匙はどうか。

「それはさしわたし五分《ごぶ》ぐらいの皿形の頭にわずかにそりをうった短い柄《え》がついているので、分《ぶ》あつにできてるために柄の端を指でもってみるとちょいと重いという感じがする。」

繊細な表現がいくつも顔を出す。「ぱん」という音、「ちょいと重い」の表現など。子どもの「私」の感覚は、他人つまり相手のようすを見つめるときにも、きらめく。たとえば大好きな伯母さんと遊ぶところ。山崎合戦の場面だ。「私」は加藤清正、伯母さんは四王《しおう》天但馬守《てんたじまのかみ》である。「四王天か」「清正か」と声をかけあった、そのあと。

〈大立ち回りのすえ四王天は清正がいいかげんくたびれたところを見はからって

「しまった！」

とさも無念そうにいってばったりと倒れる。〉

〈四王天が顔をしかめてこらえながら目をつぶってぐにゃりと死んだふりをすればひとまず勝負がつくことにきめてあったが、雨の日などには七、八ぺんもおんなじことをくりかえして、しまいに四王天がひょろひょろになるまでやらせた。伯母さんは

「まあどもならん　どもならん」

と泣き声をだしながらもあきてやめようというまではいつまでもやってくれる。どうかすると伯母さんはあんまり疲れて首を切られてしまってもなかなか起きあがらないことがある。そうすると　ほんとに死んだんじゃないかしら　と思って気味わるわるゆりおこして

みたりした。〉

「私」と遊びつづける伯母さんは大変だけれど、それでもとても楽しそうだ。二人は何年もあと、会うことになる。伯母さんは年老いていた。体もよわっていた。

〈「伯母さん　わかりませんか。□□です」

といったら

「え」

といって縁先へ飛んできてしばらくまたたきもしずにひとの顔をのぞきこんだあげく、涙をほろほろとこぼして

「□さかや。おお　おお□さかや」

と言い言い自分よりはずっと背が高くなった私を頭から肩からお賓頭盧《びんずる》様《さま》みたいになでまわした。そうしてひとが消えてなくなりでもするかのようにすこしも目をはなさず〉……

少年加藤清正と、老いた四王天。二人の再会である。

「銀の匙」で深く心をとらえるのは伯母さんの姿だ。人間の愛情とは、その美しさとはこのようなものだと教えてくれる。

では、この伯母さんは「私」と、どんな関係にある人なのか。血縁なら、どういうつながりか。それとも……。この女性と「私」のかかわりは、作品のなかに、はっきりと示さ

れていない。また、一般に目にする範囲での話だが、このことについて書かれた解説、あるいは指摘する文章を、ぼくは一度も見かけたことがない。語句や事柄のひとつひとつに、過剰なほど懇切な小学館文庫の「注」でも、この件には一切ふれていない。ささいなことかもしれないが、これはとても不思議なことであると、ぼくは長い間思ってきた。作品の本質にかかわることではないとしても、それを知りたいと思う読者もいていい。また、作者はどうして、そのような書き方をしたのかについても考えてみたい。それは「銀の匙」の世界をより深く知ることでもある。

とはいえ、もう少し伯母さんのことを知りたい。ぼくがそんな気持ちになるのは、「銀の匙」の「私」と同じように、この女性のことをいつまでも忘れたくないからだと思う。

（一九八九年、角川文庫）

散文作家の軌跡

葛西善蔵『贋物・父の葬式』

葛西善蔵（一八八七―一九二八）は「哀しき父」「子をつれて」などで知られる、私小説の鬼才。『贋物・父の葬式』には大正六年から同一二年の一八編が、ほぼ発表順に並ぶので生活上の軌跡をたどることができる。

妻と三人の子どもを郷里・青森に残し、ときに東京に呼びよせ、みずからも郷里と東京を往復という異常な生活形態。彼を終始見守った父（「父の出郷」「父の葬式」）と弟の姿、さらに情人おせいとの日々も加わる。日録の集積なのに、こちらは少しも退屈しない。人生で、あるいは創作で、彼が何をしたいのかがわからないので、こちらもいっしょに考え、さがし求めたい思いになるからだ。こんな作家はこれが最初で最後。

病苦、孤独、貧窮。書画を売りに行くが、にせものとわかったら気力はないだろうに、それでも「贋物」という題で書く。他には何もない。「作《さく》」（作品）のためだけに葛西善蔵は生きる。

「斯《こ》んな思いをして、斯んな下らないものしか書けない自分が情けなかった」（「火傷」）。

でも一日に、二枚も書ければ祝盃。これでは暮らしが立たない。

〈「近所の借金がうるさくて仕様が無いので、どこかに行って書いて来るつもりだ。……大洗の方へでも行こうかと思う」と、私は弟に云った。

「うまく書けるといゝですがねえ……」と、斯うした話の計画の度々の失敗を知っている弟は、不安な顔をして云った。〉（「浮浪」）

　弟さんはいい人だ。葛西善蔵さんをよろしくお願いします。ぼくはそう思ってしまう。

「姉を訪ねて」は、北海道の姉のもとへ向かう話。一七、八年も会っていない。「谷の一番奥」の姉の家にたどりつき、姉の帰りを待つところで終わる。いつものように書き切っていないこともあって、空気のきれいな作品になった。「私はやはり飽くまでも単純に、たゞ姉たちと会うために来た――そう単純に自分の心持を片附けて了った方が、此際双方の為めにいゝ印象を分ち合うことになるだろうと、私は賢くも思いついたのであった」。たしかに、それでよかったと思う。

「おせい」は、葛西善蔵の読者には忘れられない女性を描く。実在の女性、浅見ハナがモデル。葛西は鎌倉・建長寺の塔頭《たっちゅう》、宝珠院に住んだ。茶屋（招寿軒。いまも家屋が残る）

の娘おせいは朝、昼、晩、雨の日も風の日も、長い石段を上ってご飯と酒を運んだ。ある日、「行こうよ。いつもの通りあの鞄を持って、魔法壜を肩にさげて……」と「私」。「どこへ出かけるにも、おせいは私の薬を飲むための用意の魔法壜を肩にさげさせられた。そうした背丈の低い彼女の姿を、私は遠い郷里の山の中へ置いて、頭の中に描いて見た」。

おせいは、人生を葛西善蔵に捧げた人だが、二人の会話には無上の明るさがある。どこかにでかけたい、でかけたらどうにかなる。そんな気持ちを彼はかかえていた。そして、ときどきでかけた。

葛西善蔵は他の作家より、一歩先を行く人でもあった。

「姉を訪ねて」（大正一〇年）の書き出しは「その時分私は得体の知れない暗い不安に悩まされていた」。梶井基次郎が「檸檬《れもん》」（大正一四年）の冒頭で「えたいの知れない不吉な塊が私の心を始終圧《おさ》えつけていた」と書くのは、その四年後だ。これもいま気づいたことだが、「贋物」（大正六年）では、小僧と知りあったあと「前途に一道の光明を望み得たような軽い気持に」なる。車窓から蜜柑を投げる、小娘の姿に「朗《ほがらか》な心もちが湧き上って来るのを意識した」と芥川龍之介が「蜜柑」（大正八年）に記すのは、二年後だ。書けない人が、書ける人よりも早く何かに届いていた。

高見順の名著『昭和文学盛衰史』（昭和三三年・以下、文春文庫より）は、第三章「作家と運命」で大正一三年の月刊誌の「文壇諸家価値調査表」（無記名）を紹介。これで当時の新人作家の世評の一端を知ることができる。そこから芥川龍之介と葛西善蔵の数字を、抜き出してみる。最初は芥川、（　）のなかは葛西。

　学殖・九六（四六）、天分・九六（八〇）、修養・九八（二〇）、度胸・六二（九〇）、風采・九〇（八六）、人気・八〇（四二）、腕力・〇（九二）、性欲・二〇（八〇）、未来・九七（七二）。

　葛西善蔵がまさっているのは、度胸と腕力、性欲だが、風采、天分ではさほどひけをとらず「未来」もそれほど暗いとは思えない。芥川と葛西のどちらが残るかは、現在のところまだ答は出ていないように思われる。葛西善蔵の散文には、現代の小説のような物語はない。ひとりの人間が生きることを伝える、簡素なもの、純粋なものだ。そのために、どんな生活をしたいのか、どんな作品を書きたいのかを明らかにすることもなかった。葛西善蔵は「本来の面目」（大正一〇年）を書いても、本来の面目を知ることができないのだ。それでも何かがあると感じて、見えないままに求めつづけた。そのような姿はいま、多くの人の心のなかにも見られるものだと思う。

（二〇一二年、講談社文芸文庫）

いま動いた

内田百閒『冥途・旅順入城式』

内田百閒（一八八九―一九七一）の「山東京伝」は、大正一〇年に書かれ、創作集『冥途』（大正一一年）の二つ目に置かれた。約二五〇〇字。四〇〇字詰原稿用紙で六枚ほどしかない短編だ。『冥途・旅順入城式』（岩波文庫）より引用。

　山東京伝は、江戸後期の著名な戯作者。どうも「私」は、その山東京伝の書生になったらしい。玄関の障子のかげに机を置き、丸薬をもんだりしている。自分の部屋は、ないが、弟子になれたのだから「私」はうれしい。

　そのうち、ご飯を食べる時刻になる。

「御飯を食うところは、何でも非常に奥の方の、白《しら》けた様な座敷であった。私がそこへ這入って行くと、山東京伝は、もう、ちゃんと、上座に坐って、食事をしていた。私は、閾《しきい》の上に手をついて、丁寧に御辞儀をした。暫らくして頭を上げて見ると、山東京伝は、知らん顔をして、椀の中に箸をつけて居た。それで私は猶《なお》の事、山東京伝を尊敬し度くなった。」

　山東京伝と、二人きり。緊張、このうえない。

「私は、頻《しき》りにもじもじして居た。山東京伝は知らん顔をして汁を吸うていた。私はいよいよ、山東京伝を畏敬する心が募った。」

「私」の単純なよろこびが、書きとめられる。夢のような現実のような、不思議なかきぶりがおもしろい。この作品は、何がどうなのか、ほとんど説明らしいものがない。ただただ山東京伝への観察に、終始する。そこが爽快だ。心地よい。師匠は、書生のことなど「知らん顔」。書生の「私」は師匠のようすに、動きのひとつひとつに、さすがは師匠だと感じて、内心「きゃっきゃっ」と叫びたいほどに、うれしいのである。

　ここでは現代人が求める対話も、心の通い合いもない。まるでない。ただ、師匠の動きを見つめるだけ。でも人はこんなふうに、好きな人たいせつな人の前では、よろこんで単純になれるのだ。単純さに身を沈めることで、観察も深化する。尊敬、畏敬には観察がつきものだ。そのひとときに、はりがある。はりがあるから、うれしいのだ。ここにあるのは、観察だけ。他には何もないのに、人間の幸福がきらめく。

（一九九〇年、岩波文庫）

苛烈な名作

『葉山嘉樹短篇集』

葉山嘉樹（一八九四－一九四五）の短編一二作を、ほぼ年代順に配列。著者は福岡・豊津生まれ。下級船員になったあと列島各地を転々。鉄道会社、セメント会社、ダム工事現場で働いた。終生、労働の場を拠点に、極めて芸術性の高い小説を書き、後続の小林多喜二、中野重治らに多大な影響を与えた。近年の文庫には『淫売婦・移動する村落 他五篇』（岩波文庫・復刊）、『セメント樽の中の手紙』（角川文庫）、『教科書で読む名作・セメント樽の中の手紙ほか』（ちくま文庫）など。

一九二六年一月発表の「セメント樽の中の手紙」は、四〇〇字詰原稿用紙の概算で、七枚。芥川龍之介「蜜柑」（八枚）、里見弴「椿」（八枚）などと並ぶ、大正期最短の名作である。「淫売婦」は、前年一一月に発表。労働運動で検挙され、収監。獄中で書いた。

この二編は学生のとき、『全集・現代文学の発見1 最初の衝撃』（學藝書林・一九六八）

で読んだ。「セメント樽の中の手紙」は、木曽川の工事現場の話。松戸がセメントあけをしていたら、セメントの中の小箱に、女性の手紙が入っていた。私の恋人は、あやまってクラッシャーに、はまりました。「私の恋人はセメントになりました」。このセメントは何に使われますか。「あなたが労働者だったら」教えて下さい、と。「あなたが、もし労働者だったら、私にお返事を下さいね」。ぼくはここにいう労働と無縁だけれど、それでも共感をおぼえる。読んだ人の大多数は、セメントになるとは気色わるいと感じるようだが、ぼくはすなおにうけとめる。この女工さんの、恋人を思う心とことばは美しいと思う。「淫売婦」（三九枚）はさらに衝撃的。船員の「私」は横浜で、蛞蝓《なめくじ》みたいな顔の男らに金をとられる。連れていかれたのは薄暗い倉庫のような建物。腐った畳の上に、瀕死の全裸の二二、三歳の女性が横たわる。「好きなように」していいと男たちは言う。哀れな女性を見世物にして彼らは生きているのだ。義憤を感じた「私」は彼らに飛びかかるが——。

　ここまで読んでも、このあとの展開を、予想できる人はまずいないのではないか。「私は蛞蝓の萎《しな》びた手を力一杯握りしめた」という結びまで、情景は苛烈だが、粗略な表現は一つもない。誠実な文章は底の底を照らす。人が生きることの意味が、とても新しい角度から現れてくる。人間の見方が、これまで感じることも、想像することもない形に変えられていくような気持ちになる。どこを見ても際立つ傑作である。

葉山嘉樹の小説の基底には働く人たちの連帯感がある。そして社会に向ける激しい怒りがある。でもそれだけではない。抽象化や観念には一切同じない、人間の姿が鮮やかに打ち出されているのだ。「淫売婦」「セメント樽の中の手紙」は、現実を「描く」のではなく、それをもとに、世界を「つくる」。人間の書くものとして確かなものを、つくりあげるという作品なのだ。葉山嘉樹はそこに一命を賭けた。

本書の「裸の命」「安ホテルの一日」、『葉山嘉樹全集』第三巻（筑摩書房・一九七五）の「今日様」「山谿《さんけい》に生くる人々」「濁流」など後期の作品も、滋味あふれるものだ。これまでとは異なる柔らかい語りで、主に山村で暮らす人たちの日々を活写した。葉山嘉樹は、いつも新しい世界を歩いていた。

（道籏泰三編。二〇二一年、岩波文庫）

大空の井戸

尾崎翠『第七官界彷徨・琉璃玉の耳輪 他四篇』

尾《お》崎《さき》翠《みどり》（一八九六―一九七一）の新しい文庫が出た。『第七官界彷徨《だいななかんかいほうこう》・琉《る》璃《り》玉《だま》の耳輪 他四篇』（岩波文庫）である。尾崎翠は、鳥取・岩美の生まれ。日本女子大中退後、「第七官界彷徨」（一九三一）で一部の人に注目されるも、神経の病に苦しみ、郷里に戻った。周囲にも作家であることを知られないまま、七四歳で死去。交信を絶ったあとの、三〇余年の消息は不明な点が多いが、戦後の一時期、純綿の布で雑巾をつくり、汽車で兵庫・豊岡あたりまで売り歩いていたという。

没後、尾崎翠は甦る。最初の全集『尾崎翠全集』が一九七九年、創樹社から出た。そのあとの『ちくま日本文学全集・尾崎翠』（筑摩書房・一九九一）は再評価を決定づけた。以後、『定本 尾崎翠全集』上・下（筑摩書房・一九九八）、ちくま文庫『尾崎翠集成』上・下（二〇〇二）、河出文庫『第七官界彷徨』（二〇〇九）とつづいた。でもこのたびの岩波文庫で尾崎翠を知る人も多いかもしれない。

代表作「第七官界彷徨」は、風変わりな一家の日常をつづる。分裂心理医の一助、「植物（蘚《こけ》）の恋愛」の研究にいそしむ二助、二人の妹で炊事係の「私」、音楽学校受験生の従兄、三五郎。

「この家庭では、北むきの女中部屋の住者であった私をもこめて、家族一同がそれぞれに勉強家で、みんな人生の一隅に何かの貢献をしたいありさまに見えた。私の眼には、みんなの勉強がそれぞれ有意義にみえたのである。」

充満する肥料の匂い、哀切なピアノの音。でも彼らは「勉強」という一点で結ばれている。「私」の目標は第六官（感）を超えた「第七官にひびくような詩」を書くこと。そういえば昔は、机の前にいると、部屋をのぞいた人は、「お、勉強だね」と言ったもの。なんの勉強かはともかく、勉強する人を、いたわった。だいじにした。人が何かを求めて時間を過ごす。その誠実な姿勢があらためて良いもの、美しいものに感じられる。

次の行動へ移る場面が多いのも印象的。「浜納豆は心臓のもつれにいい」と長話をしたあと、「僕はこうしてはいられない」とあわてて出ていく。四人とも切り替えが速い。「私」が兄たちの部屋を出るときの空気にもふれていく。ひとつの文章ごとに世界を開く。

地方の少女だった尾崎翠は「文章世界」投稿欄の短文から出発した。選者は加能作次郎など。「松林」（傑出の短編・全集に収録）や「花束」には当時の修養が生かされる。この「第七官界彷徨」も若き日の「短文」の綜合から生まれた名作なのかもしれない。

　隣家の人はいう。「私の家族はすべてだしぬけなふるまいや、かけ離れたものごとを嫌う傾向を持っていますけれど」と。「私」たちはそれこそ「かけ離れた」一家なのだが、こうして逆からの見方も描く。

「彼の心理にもこの大空は、いま私自身の心が感じているのとおなじに、深い井戸の底をのぞいている感じをおこさせるであろうか。第七官というのは、いま私の感じているこの心理ではないであろうか」。相手を想像するときのことばもきれいだ。いたって知的な小説なのに、不思議な静けさと柔らかみがある。文学にはこのようなことがあるのだ。

　とある家屋の情景。「あたりにただよっている古風な香気を感じ、そしてこの建物が私たちの住んでいる家屋にも増して古びていることに気づいた」。

　小さな箇所に、こまやかな意識の活動が感じられる。表現の片隅に眠るもの、まだ未来にしか見えないものがいくつもあるようだ。だから「第七官界彷徨」を読んだ人は、そのあともこの作品のことを思いつづけるのだろう。他に「こおろぎ嬢」、「アップルパイの午後」、没後発見の映画脚本草稿「琉璃玉の耳輪」などを収録。解説、川崎賢子。

（二〇一四年、岩波文庫）

城の町にあること

梶井基次郎『城のある町にて』

梶井基次郎（一九〇一―一九三二）はほぼ無名のまま、三一歳の若さで亡くなったが、生前の著作は『檸檬《れもん》』（一九三一）の一冊。没後の作品集は『城のある町にて』（一九三九）と『愛撫』（一九四八）。新潮文庫『梶井基次郎集』（一九五〇）のあと、角川文庫『城のある町にて』（一九五一）、岩波文庫『檸檬・冬の日 他九篇』（一九五四）、新潮文庫『檸檬』（一九六七）、講談社文庫『檸檬・Kの昇天ほか十四編』（一九七四）、ちくま文庫『梶井基次郎全集 全一巻』（一九八六）、集英社文庫『檸檬』（一九九一）などの順。こうしてみると、本のタイトルは、一般に人気の「檸檬」が選ばれているようだが、ぼくは若いとき角川文庫で読んだので、梶井基次郎といえば「城のある町にて」だというふうに感じてきた。

角川文庫『城のある町にて』は、そのあと『檸檬・城のある町にて』（一九八九）に変わり、二〇一三年六月の改版で『檸檬』に。これによって「城のある町にて」は、すべての文庫の題から姿を消した。「城のある町にて」という作品自体は、いずれの文庫にも収録されているけれど、印象が弱まったのは事実である。

「城のある町にて」は「檸檬」の一か月後、一九二五年二月、雑誌「青空」に発表された。「檸檬」が直線的に進むのに対し、「城のある町にて」は曲線的。あちらこちらへ揺れながら進む。文章の美しさ、面白さは「城のある町にて」にあるように思う。

三重県の松阪が、舞台。夏の終わり、姉夫婦の家に滞在する「彼」峻《たかし》は、土地の人びと、風景にふれあう。「一つには、かわいい盛りで死なせた妹のことを落ちついて考えてみたいという若者めいた感慨から」、「この地の姉の家へやって来た」。

城跡に向けて歩く。「白堊の小学校。土蔵作りの銀行。寺の屋根。そしてそこここ、西洋菓子の間に詰めてあるカンナ屑めいて、緑色の植物が家々の間から萌え出ている」。ここでは「カンナ屑めいて」という形容が光る。次は、子どもの情景。「蟬取竿《せみとりざお》を持った子供があちこちする。虫籠を持たされた児は、時どき立留っては籠の中を見、また竿の方を見て、小走りに随《つ》いてゆく。物を云わないでいて変に芝居のような面白さが感じられる」。

こうして見るもの、出会うものが独得の感覚で切り取られる。

別の日には、芝居小屋でのあやしげな手品を、また別の日は、原っぱで子どもたちの不思議な遊びを眺める。「変な切符切りがはじまった。女の子の差し出した手を、その男の児がやけに引っ張る。その女の子は地面へたたきつけられる」「男の児が手を引っ張る力かげんに変化がつく」。城のそばの井戸では、若い女の人が二人、洗濯。水のある美しい光景に、「彼」は、子どものとき国定教科書でならった歌が浮かび、そこから「新鮮な想像」をめぐらす。

そのあとは、子どものときの思い出。寝るとき、うつぶせになり両手で墻《かき》をつくり、「敷布の上の暗黒のなかに」牧場の生き物を思い浮かべる。「田園、平野、市街、市場、劇場、船着場や海。そういった広大な、人や車馬や船や生物でちりばめられた光景が、どうかしてこの暗黒のなかへ現われてくれるといい。そしてそれが今にも目に見えてきそうだった」。夢のように思えるが、何かそれ以上に、心を引きとめるものがある。ぼくはいつもこれらの文章を近くで、また少し目を離して読みながら味わう。

こうした文章がさし示すものは、実際の意味やかたちを求める人には、いっこうにはっきりとしたものにならない。ずっと、そうならない。それで、「城のある町にて」は、少しずつ遠ざけられていくのかもしれない。遠ざかるものには、これからはとらえられないもの、というものがあるように思う。それが「城のある町にて」という作品である。

（一九五一年、角川文庫）

肖像の手法

伊藤整『若い詩人の肖像』

伊藤整（一九〇五―一九六九）の自伝的長編『若い詩人の肖像』は、一九五四年から一九五六年にかけて各誌に分載した作品を長編としてひとつにしたもので、一九五六年八月、新潮社から刊行された。

北海道・小樽の高等商業学校での学園生活、卒業後の教員生活、そして上京（東京商大入学）という青春期（一七歳から二三歳）を回想するこの「青春小説」を書き始めたとき、作者は四九歳に達していた。ほぼ三〇年前の自分の姿を再現したことになる。

特に前半では、恋愛のようすがつづられる。何人かの少女との恋のかけひき、衝動、利己主義。おとなへ向かうものの心理、行動が大胆に「告白」される。青年はやがて詩の世界に魅せられるが、そのためもあって、彼は「ほとんど純粋な感覚人になっていた」。詩との出会いは、作者の感性だけではなく人生の方向までも決めてしまうようである。

伊藤整は、一九二六年、二一歳のとき小樽で第一詩集『雪明りの路』を出版し、詩人として出発する。彼が詩に興味をもつのは一九一七年、一二歳のとき。学友の一人から『藤村詩集』を借りて読んだのが、きっかけ。中学三年のときには、東京で発行されている雑誌に、自分の書いた詩を投稿するのだが、そのとき選外ではあれ佳作にとられ、「全身がガクガクと震えるような気がした」そうだ。うれしかったのだろう。でもそのとき、彼は思うのである。「非常に恥かしく、かつイヤらしいことだ」と。なぜ「イヤらしい」か。名前が知られることでえらく見られるとか、自慢できるとか、そういう世俗的なものへの傾斜を、投稿という行為に感じとったからだろう。これは若いときに文学の戸口に立つ人の誰もが感じることなのだが、「イヤらしい」とは自分の口からはなかなか言えないものである。だが伊藤整はたいへんすなおに、そういうところを書いていくのだ。

彼は思う。世の中にはいいものを書いていても認められない人がいる。名声など、あてにはならないものだと。「私はひっそりとして、誰にも気づかれずに、詩と自分との間にもっと確かなつながりを作り出したい」。彼はそう感じながらも、いっぽうで野心を燃やす。詩人として名を成したいと願う。それもあって、彼は当時の日本の、おとなたちの詩を読みつづけた。さきほどの投稿は一九二一年。その同じ年に「日本詩人」という詩壇の代表的な雑誌が創刊され、そこには新時代を開いた先達、川路柳虹、萩原朔太郎、室生犀星、百田宗治らの名前が並んでいた。「この雑誌の主流となっていた表現法は、多分近代の日本詩史の中で、もっとも散文に接近したもので、口語文の自由詩形式と言われ、韻律の支配を受けず、また意味の明白なことがその特色であった」。彼はどうしたか。

　これはいい、これはあまりよくない、などとそれらの詩に点数をつけ、自分の目にかなったものについてはそれをノートに書き写し、この詩人はすごい、この作品はよくない、というふうに断じていくのだ。同時に、ある一群の若手詩人たちが大家にかわいがられていたりするのを誌面からかぎとると、このような俗臭にまみれた詩の世界にいつか自分も入っていくのだろうかと思う。いやそれ以前に詩壇でひとつの席を与えられることが、いなかにいる自分に、あるのだろうかと不安になる。「私は詩壇というものを怖れた。しかも私は何とかして、その五十何人かいるドングリを並べたような若い詩人の仲間に一人として加わりたいと思った」。詩への純粋な思いと、野心。この一見対立したものにどのようなつながりをつけるか。それは詩を書こうとする若い人にとっては最初の、また最大のテーマである。純粋でありたいが、汚れることを怖れてもいけない。汚れなくては詩人として先へ進むことができない。純粋さを標榜する分、詩は散文以上に、社会一般の道理と「深い関係」を結ぶことになる。どのようにしてその道理の壁を通り抜けるか。乗り越えるか。そのたたかいにも、人知れぬ詩の感興があるといえるだろう。

はじめての恋愛体験をもつことになった女の子からの手紙を読んだ彼は、そのラブレターの文章についても「採点」する。これは六〇点だ、などと。「私にとって表現のみが真実であった」。とはいえ、人が思いをこめて書いた手紙を、文学の水準で判定するのは筋違い。そのことに作者は気づいて、すぐにこれではいけないと反省し、訂正しているが、この自省という面で、伊藤青年はすこぶる迅速である。

　高校のとき、村瀬という先生の発案で、生徒たちの成績順位が発表されることに。生徒たちの猛反発があって、発表はとりやめになったのだが、あとで、村瀬教授はこんなことを述べる。

「諸君は、スポーツの時には勝負や順位を発表されても、少しも不平を言わんじゃないですか。スポーツより学業の方はもっとフェア・プレイであってもいい筈ですがねえ。」

　これをきいたとき、伊藤青年は次のように思う。

「私はその時、この能面のような顔をした会計学の教授は、なるほど、なかなかの才物にちがいない、と思った。生徒たちは、そういう場合によくあるように、一人一人に責任はないのだし、我々の意志は通ったのだから、どう言われても平気だという雰囲気で笑い声を立てた。しかし私は、この時、その合併教室にいた二百人の生徒を相手にして、村瀬教授の方にたしかに勝目があった、と思った。あの論争の方法、あの比喩による反駁、あれはなかなかよく利いている。どういう思考方法であれが持ち出されるのかな、と私は、ちょっとの間だが、真剣に考えた。私に全く思いがけないそんな気の利いた日本語の表現方法を、会計学の教師に使われたのが私の気に食わなかったのだった。」(「四　職業の中で」)

たしかにこの教授の理屈は、急所を衝くものだ。でもこの文章を見るかぎり、青年は、論理よりむしろ教授がとった「表現」や「方法」に反応している。どうしてあんな表現がとれるのかと。彼がそう思ってしまうのは、文学に魅せられたもののならいとして「表現のみが真実」であると考えるからだ。「世間の人に立ち混って生きてゆくだけの妥当さや機転を持っていない」自分を、不安に思うためでもある。だが村瀬教授の「才物」ぶりを看破するところをみると、青年は「機転」をもたない人ではない。仮に「機転」がなくても、人間の本質をつかんでしまう。そういう人なのだから、人間としてはそれで十分という気もする。そんなわけで、いろんな意味でこの文章はおもしろい。

　こんなこともある。百田宗治から雑誌参加をみとめる手紙が来て、その返事を書くときのこと。「私は手紙は百田宗治先生と書かずに百田宗治様と書くように気をつけ、また逢っても、決して百田先生といわず、百田さんと言って通そう。それには初めが大切だ、と思った」。まだ子ども気分の残る二〇歳を過ぎたばかりの青年にとって、この判断はまことにおとなびたものだとぼくは思う。この年齢では、まず「先生」と書き、それからだいぶあとになって、つまりおとなになってから、「先生」と書いたことを負担に思い、悩んだりするというのが通例だから。伊藤青年のように将来のことを見通せる人は、まずほとんどいないのではなかろうか。「それには初めが大切だ」とは特別なことばである。傲慢ともとれるが、実はこのような明快さが、この小説を思い切りのよいものにしているのだと思う。ノートに詩を書き写すという場面で、「私はしばらく考えた末、丸山（注・丸山薫）のは自分のノートに写し、三好（注・三好達治）のは写すことをやめた」というのも同じことであろう。

　自分に向ける目もきびしい。他人の書いた、いい詩がある。どうして、こんな表現がとれるのか。それをこまかく分析する。その詩の「力の働きの秘密が分らない」と自分に失望し、そのようすをあらいざらい、すなおに告白。そして自分の書いている抒情詩には限界があることに気づく。恋愛の場面においてさまざまな俗っぽい衝動をもって悩んでいるのに、そうしたことは「やさしい抒情詩の形をとっていた自分の詩に書くこともできなかった」。仮面の下に隠された、醜い自分。それをいまの自分の詩ではまるで表すことができないのだと正直に語る。こうして彼は次第に自分の抒情詩の世界から、また詩という形式の「器」から身を離していくことになる。この自覚は詩を志すものにとって悲痛なことではある。が、自他に向ける客観的な思考、作者のことばを借りれば「正確な判断」は、尋常なものではないだけに、それだけでひとつの、みごとな詩であるようにぼくは思う。むしろその知力を、自分の詩のなかに、あたりかまわず、堂々と投げ込むことができたら、詩作が持続するだけではなく、その詩はさらに深いものになっていったかもしれない。詩は無垢の情熱だけではなく、凶暴なほどの覚醒もときに大きな力になる。しかし当時の日本の詩の世界にはそのような詩をうけとめる器量は十分にはなかったようにも思う。

さて、彼は、別の方角からも斬り込まれることになる。それは、世間である。父を見舞うために郷里へ戻る車中で、隣り合った説教師のことばに、またそこにいた名前も知らない女性のことばに、青年は反応する。あろうことか、不覚にも泣いてしまうのである。詩のことばでも文学の表現でもない。ただの行きずりの男女の、どうでもいいようなことばに。「単純な嘲弄に、それから型どおりの偽善的な説教の形式に、そういうものに私は破られたのだ」。そして、思う。

「それはある特定の場所に鍵をさし込まれると、涙の溜っていた室の扉がかちりと開くのに似ていた。それを考えてみよう。それが分らなければ自分が文学をやっているのは何のためだか分らなくなる、と私は思った。」（「七　詩人たちとの出会い」）

表現者はつねに、思いもよらない外部からの強圧的な視線に堪えていかなくてはならない。こんな人の、こんなことばひとつで、どうして泣いてしまったのか。そのくやしさを未練たっぷりに語りながら、彼は反問をつづける。世間という、詩とは敵対するものへのこうした過剰ともいえる反応は、作者がどれほど繊細な感性をもつ人であるかを伝える。伊藤整はこののち、こうした「単純な」人間の場面にも敢えて自分の興味をさし向けることで、独自の文学世界をつくりあげることになった。

青春小説にしては過剰なほどに「考える」ことばが多い。「と考えた」「考えた」「真剣に考える」「しばらく考えた」「考え直した」。語調もきっぱりとしたものだ。「考える」の語句が飛び出すたびに、作者は古い自分を抜け出し、乱れをただし、内部を一段と成長させていく。「考える」という語句は、この場合、ひとつの卓抜なリズムでもあると思う。そこからも詩が湧出する。完璧な散文でみたされた場所だからこそ、詩は、さまざまな形をとってみえかくれするのだ。

遠藤勝一という未知の人物の短歌を、友人とともに味わい、その作者の人となりを想像するシーンも印象的である。

「父なきは母なきよりも悲しきと危く母に語らんとせし」

遠藤勝一は父なくして育った人にちがいなかった。

私たちは、その一冊の薄い歌集の中から、遠藤勝一なる人間の身分を追跡した。

「人の金十万円に枕して眠られざりし北見の夜汽車」

遠藤勝一は銀行員か会社員だろう、と私たちは推定した。もう一度川崎昇は朗吟した。

「海見ゆる花園町の高台に住みて悔なき人と思はず」

私は興奮して言った。

「遠藤勝一のもとの恋人は、この花園町のどこかに人妻になっていま住んでいる」

「そうだ」と川崎昇が言った。

川崎昇の目は感動のためにうるみ、彼自身の身の上を思いめぐらしているようであった。私は、その時、髪のゆたかな、面長で色の白い美しい人妻が、この花園町の、もう少し山手の公園のすぐ下の辺に住んでいて、そこの二階からは、汽船の浮んでいる港やあの防波堤が見える、という場面を想像し、遠藤勝一のためか自分のためか川崎昇のためか分らない情感のために、胸をかきむしられるように感じた。(「二　雪の来るとき」)

「遠藤勝一のためか自分のためか川崎昇のためか分らない情感」に胸をかきむしられるこの状景は、詩歌を愛する青年たちの純粋な心のうちを、鮮やかに映し出している。よく「考える」人こそが、よく「想像する」人であること。この思考と想像の、幸福なつながりから、すがすがしい詩趣が流れ出る。

とても若いときから活動的だった当時の文学青年たちのようすに目をまるくした人も多いことだろう。文学をはじめる人たちは、早くから、自分たちのほうから、世の中に先んじて世の中をつくってしまっていいのではなかろうか。遠藤勝一の歌をきらきらした目で想像する。そんな対話のひとときもあっていい。

この小説は、小さな場面にも見どころがある。高校時代に友人といっしょに夜店で石鹸を売るところもそのひとつ。ほほえましい光景だ。詩の世界にとじこもる青年にとって、この経験は大切なこととして胸のなかにしまわれていたのだろう。ほんの小さなことで人はおとなになっていく。いやおとなにならなくても、何かのすぐそばまで行くことができる。それは青年の特権ではない。人として生きていくと、そういう変化こそが、いちばん楽しいことであり、夢のあるところなのかもしれない。

鮮明な思考。激しい告白。柔らかな夢想。明快なリズム。個性的な「自由詩」の世界がここにある。

（一九九八年、講談社文芸文庫）

文学誕生以前の空気

高見順『如何なる星の下に』

「最後の文士」高見順（一九〇七―一九六五）。その代表作「如何なる星の下に」は、一九三九年（昭和一四年）から文芸誌に連載後、一九四〇年に刊行された。文庫では、これまで新潮文庫（一九四八）、角川文庫（一九五五）、新潮文庫・復刊（一九九四）があった。このたびの『如何なる星の下に』（講談社文芸文庫）は、連載したときの三雲祥之助の挿絵（とてもすてきなもの）も掲載。

第一回「心の楽屋」。東京・浅草の安アパートの一室を借りた作家の「私」（倉橋）。ある日、部屋から空を見あげるとゴミのようなものが、「への字」を描く。雁だった。

「何か今は忘れた、――今は私のところから去って行った昔の懐しい夢のようなものに、ふと邂逅することができたみたいな、胸のキュッとなる想いであった。――夢が遠くの空を飛んで行く。手のとどかない、捉えられない高さ。夢は、すげなく見る見る去って行く。」

レヴィウの踊り子、売れない芸人、町の人。目にする人、会う人がそのときの主人公という感じ。「浅草では、ふうッとしていても、生きて行かれますからね。こいつが、いかん」と、作家仲間の朝野。「私」も「浅草の眼」を感じながら、この町にとけこんでいく。とはいえ、この作品、水がちょろちょろといつまでも流れている感じ。小説が何かのかたちになることをまるで忘れていく、そんなようす。そのしまりのなさは、懐かしいような、わびしいような。でも全一二回を読みおえると、どこにもないものを見た思いになる。

戦争に向かう時期。自由もない。先も見えない。いまは何かへの途中であると感じて、いのちひとつを抱えて過ごす。そんな「星の下」の人びとのいまのようすを、いま書く。困難な対象である「同時代」に、やわらかく鋭く向き合う。

「『如何なる星の下に』に関する限り高見は天才だと思わなければならない」と、伊藤整。

「この作品に使われている方法は、日本人の生活の現実に密着し得る、デリケートで、薄くて鋭い、ぺらぺらの剃刀《かみそり》の刃のような鋭いものである。」（角川文庫「解説」一九五五）

神経で書く、といいなおしてもよいだろう。劇的な場面はいらない。神経が、人を動かすのだ。災害、戦争などおおきなできごとの「あと」に書くことは容易だ。何かの「前」に書かれている。それがこの小説の、特別な重みである。かたちをもたない小説の中心を、わずかに残された神経がになうのだ。

第三回「冬の噴水」。美佐子と倉橋は、劇場の前に来たとき、急に二人とも「直角」に瓢箪池のほうへ、向きを変える。同じ向きにというところが、びっくりするほど面白い。

第八回「旅へのいざない」。寒いので冷たい手を蒲団に↓外で火事、「いかにも暖かそうな火」↓出征兵士を送るとき異様に張りきる玉乗り芸人、天中軒トコトン↓何を考えているのか頭のなかを見たいと思わせる、古武士のような男↓再び第三回「冬の噴水」の二人、のこと↓人がいたずらで石を投げたら「その石に当った池の蛙はそれで死なねばならぬ」(蛙は、かわいそうだとぼくも思う)というように進むのだ。

話をするかと思うと、次の話に転換。そうかといえば、忘れた頃に戻る。語りの速さ、リズムの面白さ、美しさ。曲芸を見る思いだが、これもこまかい感覚のはたらきである。人間は、どんな話をどのようにしたらいいのか。そんなことまで示されるような気もする。

最終章。せっかくの集まりに、人が来ない。みなさみしげなようす。でも倉橋は「頼もしいしんの感じられる元気であった」と記す。それはあくまで「心の楽屋」のことば、個人の思いだが、この作品全体から生まれるものだから、それをこちらはいま、しみじみと感じとる。いつもより、こまかい気持ちで。新しい体の向きで。天中軒トコトンのおじさんは、この最後になってちらり、ひと文字、登場する。作者とは「忘れない」という仕事を、つづけている人なのだとぼくは思った。

　というわけで、あれこれと、ごたごたしているのに心地よい。文学の誕生以前の世界にたちあったかのような、みずみずしい空気が漂う。まるで作品というものを通さずに、目の前にあるものを見ている感じ。でもときに厳粛な気持ちにさせる。読み物としても歴史的な新しさをもっている作品だとあらためて思う。

「夜の印象と対比されるせいか、異様に冴えた静けさで、その静けさのせいか、道の片側を照らしている陽の光も、清らかな、実にうららかな、そして恵み豊かな感じであった。」

　この「恵み豊かな」ということばもとてもいいものだと思う。

　平野謙は、親しみをこめて、高見順は「平作者」なのだと書いていた（竹村書房『高見順自選小説集』跋・一九四一）。そのことをいま、思い出す。「平作者」の「ひら」は、普通のもの。特別ではないこと。平地の「平」でもあるから、高いところにいないという意味もあるだろう。「如何なる星の下に」は、いつもそばにいる。近くにいる。そんな名作なのだと思う。

（二〇一一年、講談社文芸文庫）

「霧の中」の日々

田宮虎彦『落城・霧の中 他四篇』

田宮虎彦（一九一一―一九八八）は、昭和期を代表する作家のひとり。おもむきと、あたたかみのある幾多の名作を残した。中学生のとき新潮社〈日本文學全集〉の第六五巻『田宮虎彦集』（一九六二）で、「足摺岬」「絵本」「土佐日記」などを知った。「霧の中」（一九四七）もある。子どものぼくが「霧の中」を読んで何を感じたかは思い出せない。いま読み返してみてはじめて、この作品の世界を知る。岩波文庫『落城・霧の中 他四篇』には、歴史小説「落城」と「霧の中」が入っている。解説、猪野謙二。

「霧の中」は、戊辰戦争に敗れた「会津降伏人」のその後の人生を描く中編。主人公の荘十郎はまだ小さいとき、戊辰戦争で父母や兄姉を失い、ひとり残されてしまう。それからの足どりをまとめると、次のようになる。

村の寺に集められたあと、越後高田へ移される↓許されて会津若松に戻り、母方の遠戚の老女・岡野咲に育てられる（荘十郎、一〇歳）↓咲の義理の子、土井良作に連れられ、北海道・後志《しりべし》で開墾を手伝い、剣の使い方をおそわる。

土井良作が行方不明となり、若松へ戻る（荘十郎、一三歳のとき）↓咲の最後をみとった、渡辺という絵蠟燭をあきなう男に連れられ、各地を移動。宇都宮の宿で、

「荘十郎、お前は今日これから江戸へ帰るのだよ」

といわれ、阿部という小間物商の男と東京へ↓渡辺の妹婿の剣客、鎌田斧太郎に託される↓斧太郎のいとこ岸本義介のもとで、版木彫りを手伝う↓剣舞をなりわいとする↓新選組崩れの谷口東作と出会い、大阪へ↓旅の一座の役者に殺陣を指南。

東京に戻り、師走の夜、亡き義介の妻みよと再会。みよは、救世軍の伝道者となっていた（荘十郎、三七歳）↓ひとりで門付けなどしながら東北各地、そして北海道へ↓いまは亡き土井良作と過ごした町を訪ねる↓声をかけられ、満洲へ渡り、大陸浪人となる。

東京に戻り、近所で剣術などおしえる↓敗戦（一九四五年八月一五日）の三日後、駄菓子屋の、三畳の部屋で病死（荘十郎、八〇歳ころ）。

これが荘十郎の人生譜である。二〇歳を過ぎたころ秩父の暴動（秩父事件）を知る。彼ら暴徒もまた、「一寸さきの見えぬ霧の中にさまよっている」という文章がある。荘十郎の生涯も、まさに「霧の中」であった。

これからは、この人といっしょだよといわれ、突然その日から、ちがう人と暮らしていくのだ。「霧の中」で、見えない旅を重ねるような人生は、最後までつづく。

でも感動的なのは、遠い親戚の人が、次はその人と縁のある人が、というように次々に見知らぬ人たちが少年の前に現れることである。まるでバトンを渡すようにして、少年の人生をその先へと進めてくれる人たち。たったひとりになった子どもがいれば、みんなで守らなくてはならないという気持ちなのだろう。とりたてて意識することなく昔の人はそんな気持ちになれたのだ。これはめずらしいことではなくて、以前は普通にあったのかもしれない。いまとはちがう時代の人の、あたたかさである。それはとてもとうといものだとぼくは思う。

「霧の中」は、明治維新のあとの日本のさまざまなできごとが、個人の上に影を落とすようすを描く歴史小説だ。戊辰戦争、自由民権運動、二つの大戦などがおりこまれるが、それらは荘十郎というひとりの人間の眼に、どのようにうつるのか。作品に沿って見ていくと、歴史と個人の関わりに粗密、濃淡がある。できごとの規模を個人はそのまま反映していないのだ。だからこそ他の歴史小説にはみられない現実感が漂う。それがこの名作の特別なところだ。「霧の中」は『足摺岬』（講談社文芸文庫・一九九九）にも収録。

（一九五七年、岩波文庫）

聖家族

『日日の麺麭・風貌――小山清作品集』

「けれどもその静かな生活のたたずまいの中にいる青年の無心なさまを眺めると、たとえば光りを浴び風にそよぐポプラの梢を仰いだときに僕の心の中でなにかがゆれるように、僕の心に伝わってくるものがある。」（「落穂拾い」）

本を読む隣家の青年、芋屋のおばあさん、炭鉱の仲間、古本屋の娘など、町の人びと……。『日日の麺麭《パン》・風貌』は、「落穂拾い」「朴歯の下駄」をはじめ、小山清（一九一一―一九六五）の代表作を収める新しい文庫だ。

小山清は、東京・新吉原の生まれ。父は盲目の義太夫語り。一七歳のとき洗礼を受ける（のち離籍）。中里介山の塾を出てから、新聞配達をしたり、夕張炭鉱で働いたあと小説を書いたが、五三歳で死去。第一創作集『落穂拾ひ』（筑摩書房・一九五三）など、生前の小説はたった四冊。活動期間は一〇年ほどだが、清らかで、あたたかみのある作品はいまも読者を魅了する。

全集は、筑摩書房から二つ。『小山清全集』全一巻（一九六九）と、『小山清全集 増補新装版』全一巻（一九九九）。

文庫は、切れ目なく出る。以下も題の仮名づかいはその本のもの。新潮文庫『落穂拾ひ・聖アンデルセン』（一九五五）、角川文庫『落穂拾ひ』（一九五七）、旺文社文庫『落穂拾い・雪の宿』（一九七五）、新潮文庫・復刊『落穂拾ひ・聖アンデルセン』（一九九四）、講談社文芸文庫『日日の麺麭・風貌』（今回の原版・二〇〇五）、ちくま文庫『落穂拾い・犬の生活』（二〇一三）。単行本は、韮澤謙の審美社から『二人の友』（一九六五）。近年では、新版『小さな町』（みすず書房・二〇〇六）も刊行された。本がなくなると、どこかでまた出る。小山清をめぐる時間は、これからもそのように流れていくのだろう。

こうしてぼくは通いなれた道を歩くように書き進めているけれど、そうではない。本書で短編「聖家族」を読み、小山清の新たな世界を知ったからだ。

「聖家族」は、一九五四年の作品（『日日の麺麭』筑摩書房・一九五八）。二〇〇五年まで文庫収録はない。小山清の師・太宰治とともに主要作が同居した一冊『近代日本キリスト教文学全集9』（教文館・一九七五）と全集には再録されたものの、あまり知られていない。

「聖家族」は、イエスと母マリア、父（養父）ヨセフの日常を描いたもので「落穂拾い」

などとは別種の感興がある。

水瓶を頭に載せた農婦がやってくる。ヨセフは声を出す。

〈「うちのかみさんを見かけなかったかね。」
「見たともさ。マリヤさんなら水汲場にいるよ。」〉

うわー、楽しい。中世以来たくさんの画家、作家が聖家族を題材にしたけれど、ちょっとこれは特別だと思います。「うちのかみさん」だもの。くだけた表現ばかりではない。幼子イエスのかわいい表情、そのイエスを見守る父と母。ある一日の光景が親しみのある、ゆたかなことばでつづられる。疲れ果てて訪ねてきた青年が、イエスの頭上に神の光を見るという夜の場面も。心のすみずみが洗われるような、すてきな小説だ。

「聖家族」の一年前に発表されたエッセイ「聖家族によせて」(『幸福論』一九五五)を読むと、「地上のあらゆる母と子の姿の象徴」である聖母子だけではなく、その陰になったヨセフのことを、作者が心のなかでとてもだいじにしていたことがわかる。

「聖家族」は、これまでの描き方、見方に引きずられることなく作者のイメージを打ち出したところによさがある。小山清は、文学の新しい情景を創り出した人でもあった。「風貌――太宰治のこと」など、エッセイ二編を併録。

（二〇一四年、講談社文芸文庫）

おくまとサチ代

深沢七郎『庶民列伝』

深沢七郎（一九一四―一九八七）の『庶民列伝』（一九七〇）は、一九六二年から一九六九年に発表した連作短編七編を収録。このたび中公文庫で刊行された。解説、蜂飼耳。ほぼ半世紀前のものだが、いまも輝きを放つ。

深沢七郎の文章には「（そうか）」とか「（ハテナ）」とか「（まずいな）」とか、いまや子どもの作文にも出てこないような安手な表現があちこちにあるので、ふつうの文学とは別の空気が漂う。本書の、二番目に置かれた「おくま嘘歌」（一九六二）は、鶏を飼う六三歳の女性、おくまさんの話だが、「おくまは今年63で、」という書き出し。「六三」ではなく「63」なので、文学の裾野にしがみつくぼくは（こまったな）、漢字の「六三」あるいは「六三歳」にしてほしいと思うが、そうはしないのだ。ひとりも「1人」と書く。こういう無造作なことばでいつのまにか話は始まり、とても深い空気のなかへ入っていく。

夫は亡くなったが、おくまさんには、息子と娘、二人の子どもがいる。嫁いだ娘にも、孫がいる。おくまさんはときどき孫（シゲオ）の顔を見に、娘（サチ代）の家へ。でもそれは「嘘」で、ほんとうは娘の顔を見たいのである。「ちょっくら、行って来るけんど」と家を出て、娘の家に向かうのである。

〈サチ代が、

「あれ、おばあちゃんが来たよう、坊《ボー》の顔を見たくて」

と言ってこっちを向いた。孫の顔を見たくて来たのだとサチ代は思ってるので、

「坊の顔を見たくて来たのオジャンけ」

とおくまは嘘を言った。〉

そのあとの場面――。

〈「あれ、よかったよオ、まったく、坊は」

とおくまは意味もないことを言いながらシゲオを背負《おぶ》った。

「あれ、まったく、よかったよオ」

と言いながらおくまはのろのろ廻り歩いた。〉

おくまさんは、いっしょに暮らす息子夫婦に冷たくされているので、出かけるのではない。嫁も、もったいないくらい、いい人なので、その点に問題はない。サチ代がわが子シ

ゲオが可愛いように、おくまさんも、自分の娘サチ代が可愛いので、会いたいのだ。でも「シゲオの顔を見たくて来たと言った方がサチ代は喜ぶだろうと思った」のである。「あれ、よかったよオ」と、「意味もないことを言いながら」と深沢七郎は書く。これら、ちらちらとつづく文の、なんと美しいことだろう。

孫も見たいが、娘の顔を見たい。それはこうした年齢の母親のごくふつうの感情かもしれない。その「娘に会いたい」気持ちがここまでしっかりと抱きとめられ、誰もの心に届くようにつづられた形跡は、これまでの日本文学にはなかった。あまりに自然で純粋なあまり、隠れがちなものがここではすくいとられるのだ。ここには「１人」の心の、すべてを見通す目がある。いまは知ることも、見ることもできない人間の目であると思う。

「べえべえぶし」（一九六九）では、いつも「べえべえぶし」をうたっていた父親が死ぬ。そこへ、小さな子ども「４人」を自転車にくっつけて、おぶって（すごい）、かけつける娘の姿は、いつまでもまぶたに残る。「安芸のやぐも唄」（一九六四）は、天地を変える大きなできごとのあとの「１人」の感覚をこれまでにない受けとめ方で書きしるし、深い感動へいざなう。深沢七郎は「１人」の話を書いた。隠れた「１人」を表した。

（二〇一三年、中公文庫）

葡萄畑を抜けて

北條民雄『いのちの初夜』

北條民雄（一九一四－一九三七）は、二三歳の若さで亡くなるが、その前年に発表した名作が「いのちの初夜」（一九三六）だ。

主人公の青年尾田は、作者その人と思われる。ハンセン病と診断された尾田は、東京都下・東村山の全生《ぜんせい》病院（現在、多磨全生園《ぜんしょうえん》）に入る。当時は、病気に対する偏見と差別があり、発病すると強制的に隔離された。以下、角川文庫『いのちの初夜』より。

尾田は、全生病院の敷地に入り、暗い気持ちで、長い垣根に沿って歩く。いい枝ぶりの樹があると、死んでしまおうかとも。しばらく歩くと、女性たちの笑い声がきこえる。「声の方を見ると、垣の内側を若い女性が二人、何か楽しそうに話し合いながら葡萄棚の方へ行くのだった」。二人とも棒縞の筒袖、白い前掛け。彼女たちも患者なのだが、深刻なようすがないので、尾田は少し安心する。

「なお熱心に眺めていると、彼女らはずんずん進んで行って、時々棚に腕を伸ばし、房々と実った頃のことでも思っているのか、葡萄を採るような手つきをしては、顔を見合わせてどっと笑うのだった。やがて葡萄畑を抜けると、彼女らは青々と繁った菜園の中に這入って行ったが、急に一人がさっと駈け出した。後の一人は腰を折って笑い、駈けて行く相手を見ていたが、これもまたあとを追ってばたばたと駈け出した。」

鬼ごっこでもするように、彼女たちは「尾田のほうへ横貌をちらちら見せながら、小さくなって行くと、やがて煙突の下の深まった木立の中へ消えて行った」。

女性たちの、明るいようすを見て、尾田は、「とにかく入院しよう」と心に決めるのだった。とても楽しそうに笑う二人の女性。そのうちに、すわって笑い、また、駈けて行く。こうした情景は、ふだんどこでも見かけるものだけれど、だからこそ、この場面はとても印象的である。ぼくは開くたびに、ここを何度も読んできた。

病院に入ってみると、現実は想像以上に過酷なものだった。もう何年かここにいる患者の佐柄木は、この病気になってここにいるものはみんな、もはや人間ではない、という。いのちだけがある、そういう存在なのだと。

病気の重い人は、いくらかでも軽い人の世話をしている。絶望のなかにあっても人間らしく生きる患者たち。そのようすを目にして、尾田は、この病気の人になりきって生きていくことを心に誓う。やがて一夜は、明けていく。それが「いのちの初夜」という小説だ。

「眼帯記」（一九三六）も、同じく、全生病院の光景。

「私」の目に症状があらわれる。この病気の「進行」を意味するものだ。罨法《あんぽう》鍋を囲む人たちを見る。目の充血、炎症を止めるために、水・湯・薬で患部をあたため、もしくは冷す療法だ。そのなかには少女もいた。

「もう盲目の近づいた六人の少女が向い合って鍋を前にして坐り、じっとうつむいたまま罨法を始めた。揃って鍋の中のガーゼをつまみ上げてはしぼり、しぼったガーゼを静かに両眼にあてて手で押さえている。じょじょじょと硼酸水がガーゼから滴たり鍋の中に落ちた」。目の罨法をしても、なおらないとわかっていても、静かに「空しい努力を続ける」少女たちの姿を「私」は見つめる。この場面はぼくの目に、心にいつまでも残る。

　北條民雄の作品は、極限に置かれた、いのちの姿を書いた。冷静で、確実な文章でつづった。人の深みにある強いもの、美しいものを描き出した。

（一九五五年、二〇二〇年改版、角川文庫）

場所の歳月

瀬戸内寂聴『場所』

瀬戸内寂聴（一九二二―二〇二一）の『場所』（二〇〇一）は数多い著者の傑作のなかでも、ひときわ感動の深いもので、第五四回野間文芸賞を受賞した。「新潮」でこの連作がはじまったときの文芸時評、単行本になったときの「新潮」での書評と、ぼくは二度感想を書く機会にめぐまれた。以下の解説は拙著『忘れられる過去』（みすず書房）所収の書評を一部あらためたものである。

『場所』に登場する「私」は、瀬戸内寂聴（晴美）その人と思われる。「私」は徳島に生まれた。子どものときのこと、学生結婚、夫と子どもを捨てての出奔、同時進行の恋、彼らとの別れ、激しい創作の日々、そして出家する五一歳の秋までを、住んでいた場所や思い出の地所に沿って話す。

「南山《なんざん》」は、父の、「多々羅川」は母の郷里。「中洲《なかず》港」は子ども時代の遊び場。「眉山《びざん》」

「名古屋駅」から恋と放浪の時代がはじまる。「油小路三条」は働きはじめた場所。「三鷹《みたか》下連雀《しもれんじゃく》」の下宿では書斎を得た。「塔ノ沢」は二人で出かけた温泉場。「西荻窪」「野方《のがた》」では男たちとの変則的な生活がつづく。「練馬高松町」は一軒家。「目白関口台町」で一人の暮らしに戻り、「中野本町通」では土蔵のなかで物を書く。「本郷壱岐坂《いきざか》」は、出家前の最後の時間を過ごした場所である。まず場所（街）を示し、そこに暮らした折りの状況や心境を披瀝。そのあと、その地を実際に訪れて、感慨をつづる。それがこの連作の枠組だ。再訪は、何年ぶりか。数字が見える主なものを拾うと、五〇数年（南山）、五〇年余（眉山）、五二年（油小路三条）、四九年（三鷹下連雀）、四九年（塔ノ沢）、五〇年（西荻窪）、四〇年（野方）、四〇年近く（練馬高松町）、三七年（目白関口台町）、三五年（中野本町通）、二八年（本郷壱岐坂）。時間がたち、土地は姿を変える。あちらこちらで路地をさまようことになる。「野方」でも記憶がうすらぎ、かつての下宿先は見つからない。

「陽は真上に上りきり、残暑の熱気が際限なく胸や脇に汗をふき出させてくる。小さなパラソルで形ばかりに陽光をさえぎっていても、熱気は路上からも照り返して下半身をあぶってくるのだった。

　どの道を曲っても人っ子ひとり逢わない。家の中から物音一つ洩れて来ない。ふっと、この世ではない街に迷いこんできたような不穏当な気持が胸をよぎる。」

それでもようやく、さがしあてることができた。その家屋はどうだったか。

「私は二階屋の前に行き、つくづくそれを見上げた。その家で男と分ちあった無数の劇的な、または限りなく日常的なもろもろのことがらや時間が、熱い棒のように全身を貫いていく。

入口が昔とは反対側についていた。玄関には使い旧した車椅子が置かれている。

真昼間だというのに、なぜかどの窓も雨戸がしっかりと閉ざされていた。」

そして「まるで四十年前の私の記憶の解凍を、そこだけ頑固に拒んでいるかのように」と、著者はこの章を閉じる。昔と同じように、こちらをうけいれる場所もあれば、拒むところもある。「記憶の痛み」をかかえながら、旅はつづく。

「西荻窪」は、妻子ある小田仁二郎と住んだ町。五〇年ぶりに訪ねると、世話をしてくれた、きん女は亡くなっていたが、家は昔のままの場所にあった。家族は、「母は瀬戸内さんと小田さんのことを死ぬまでほんとによく話しておりました」と話す。小田の写真と、同じ日にとった「私」の写真を、きん女はよく眺めていたという。

〈「こちらに置いていただいた頃が、私の生涯で、一番平和で、幸せだったかもわかりませんね」

私はそう口に出すと、ほんとうにあの頃は幸せだったような想いがつきあげてきて、あ

やらく涙がこぼれそうになった。〉

「私」の書く文章には、他の人の文章にはないものがある、とぼくが思うのは、こんなところである。

「こちらに置いていただいた頃が、私の生涯で、一番平和で、幸せだったかもわかりませんね」というのは、ひょっとしたら、文章ではないのではないか。もちろんこれは会話であり、純粋な文章というものではないが、世の中には、幸せだと感じると、そこで「幸せだ」と、材料もそろわぬうちに述べてしまう人がいるものだ。そして少しあとになって「ほんとうにあの頃は幸せだった」と思う。自分が口にした通りだ、と思うのである。文章を書く人は「こちらに置いていただいた頃が」をのみこんで「ほんとうにあの頃は幸せだった」あたりからを文章にするものだ。「私」はそうしない。最初に口に出してしまう。つまり前のほうと、うしろのほうで文章をもっている。いつもではないが、ときおり、そういう書き方になる。

これはもっぱら書くことで生きてきた人の文章の流儀だと思う。瀬戸内氏はあるところで、私は「アル中」ならぬ「書き中」だと述べるが、ひとつの文章しか入らない手狭なところでも文章を二つ書いてしまうほど「書く」ことと情熱的にかかわる。それが「私」の日常なのだ。そのため文章は開放され、透明度が高まり、共感を呼ぶ。読者にとってはうれしいことだが、「私」のなかにある自分ひとりのための文章は、そのとき、文章の外側に出ているしかない。瀬戸内氏はなにごとも思うままに書く自由奔放な人と思われているが、とてもつらい文章を書いてきた人でもあるのだ。

家さがしをしているとき、「私」を見つけて、近所の人たちが声をかける。そんな場面がこの小説には普通に出てくる。いつかここに来られるのではないかと思っていました、みんなで瀬戸内さんがここに住んでらしたことを話していたんですよ、という直截なものから、さりげないものまで。未知の人が声をかけ、ときには道案内をしてくれる。ほほえましい光景だが、ひとつまちがえば小説にとって危険なことでもある。でもぼくはこういう光景があることがたいせつなことだと思うのだ。人は「私」のように激しい破壊的な恋もできないし、出家もできない。その人生の物語を明るく率直に人前で語ることもできない。誰もが「私」にはなれない。なりたくてもなれない。だから「私」は多くの人にとって夢の世界にいる人物なのだ。そういう人物が、近所で何かさがしているとき、「それは、そこですよ」とだけでもその人に教えられることは、自分の影がひろがるようで、よろこびに思えるものなのだ。

では「私」はどうか。ものを書いていくほどに、その行動が、活動が知られるほどに「私人」から遠ざかる。ここまでの人はいなかった。瀬戸内氏はこれまでの日本の文学のなかにはないところを歩いている作家なのだ。前に人がいない。読者はいっぱいいるけれど別の話だ。なにをもっても、自分をたしかめることはできない。また「私」がどんな人生を歩いたかはすでに「私」が小説のなかで書いている。ある話題については書き尽くされたともいえる状況だ。つまり「私」は読者に知られているだけではなく、自分にも知られている。そんな「私」にとって、書くことのよろこびはどこに見えてくるのだろう。

小田、涼太と「私」の関係はことばにできないほどに複雑だが、俗臭はなく、この世とは思えないほどの、あたたかい空気が流れている。「練馬高松町」では三人で鍋を囲むこともあった。

「……私はまたしても、どうしてこんな和やかさで、このまま三人でつきあいつづけられないのだろうかと思ってくるのだった。遅くなると、思わず二人とも泊っていけばといいそうになったりする。さすがに男たちは最終バスがなくなるといっては立ち上る。バス停まで送ろうとする私に、男たちは揃って止め、仲よさそうに肩を並べて去って行く。どちらかが、途中から一人戻ってくるようなことはなかった。」

彼らは戻ってこなかったのだ。それは、この『場所』を書く「私」にとっても同じこと。彼らはみな死んだ。「私」ひとりが生きている。それはどういうことなのだろうと、すべての場所を見下ろしながら風のなかで叫ぶ、最終章「本郷壱岐坂」の光景はたしかに感動的であるとしても、「私」ひとりの文章は、まだどこかをさまよっているような気もする。それを知るためには、第一章「南山」に戻らなくてはならない。「南山」は、「私」の父の郷里をはじめて訪ねたときの話だ。


外に出ると、目の前に広がった田の彼方にくっきり山が聳えていた。

田んぼの中から背をのばした夫婦づれらしい農家の人が私を見て、首の手拭いを外し、

「これはこれは、ようお出《い》でなさあんせ」

と声をかけてくれた。私はその二人にお辞儀を返してから、二人の背の彼方にある山を指さして訊いた。

「あの山は何という山ですか」

幼い父が朝に夕に仰いだであろう山である。


それに対して男は、それは「南山」という山であると告げる。そこでこの章は閉じられている。亡き父が、ちいさいときに見つめていた山。それが父の目にどううつったのか、作者は想像できない。また想像しない。ただ山の名を知る、というところで終わるのだ。現実的な文章であると思う。場所というものは本来そのようなものだ。人生の舞台とはな

っても人生そのものを支えてはくれない。それに生きていた父だとて、山についてはこちらが思うほど記憶はないかもしれない。あっても、忘れているかもしれない。ましてその子どもは知るよしもない。子どもはその山の名前を知るだけ、知っておくだけなのだ。そしていつしか、父のいる場所へと向かうのである。実りのない文章だ。そして実りのない文章は、その人ただひとりのなかにある文章だ。ぼくはそうも思ったのだ。そしてこの部分が、この小説のなかの、いちばん純粋な場所であり、読む人にとっても「幸せな」場所であるような気がしたのだ。

瀬戸内氏のこの「心の旅」はどの章においても人間の思いと、できごとを余すところなく心を尽くして描いており、暗い場所も、花が咲くように明るい。ぼくは「私」のつらさやさみしさなど忘れてよみふける。父の見た山は、筆を尽くしても、二つの文章をもってしても、手の届かないところにあるが、それでも「南山」という名前を知る「私」の文章からは、作者その人だけの、静かなよろこびが伝わってくるのだ。実りのないところ。そこにことばがあった。『場所』はそこからはじまった。

（二〇〇四年、新潮文庫）

同じ世界から

結城昌治『怖い話と短い話』

　結城昌治（一九二七―一九九六）の『怖い話《ミステリー》と短い話《ショートショート》』（一九八八）は「怖い話」と、「短い話」――という二つのパートに分かれている。そのうちの「怖い話」も形態としては、短編である。だからこの本に収まる話は、いずれも短い話だということになる。

　小説の長さについては古来いろんな見解があるものの、読者にとって長い小説は多くの場合、負担になる。そんなに小説を読んできたわけではないぼくも、どちらかというと「短い」ものを好み、長いものについてはそれを遠ざける傾向がある。これは性格によるのだろう。

　一般には、ある程度の長さがなければ小説を読んだ気分になれないという人のほうが多い。短いと物足りなさを感じるようである。しかし作品は、読んでから、その人に何が残るかがいのちなのだ。作品自体は短くても、ページを閉じたあとに、まるで長編小説を読み終えたような充実感が残るということでは、この結城昌治の書物は期待を裏切ることはない。短い。読み切るのに時間をとらない。でも、一編が放つ印象から、離れがたい思いを読者は味わう。そして文字の余白をぼんやり眺めて、いろんなことを考え、思い浮かべることになるだろう。つまり短いからといってそこで作品が終わるわけではない。読むこちらの側に、ものを思うひとときが与えられる。それはかなり長いひとときであることが多い。

　また登場人物たちの生活や、人生は、著者ならではの簡潔な筆でとらえられ、しかもきびしい彫琢をほどこされているから、そうした個々の輪郭を心にとどめながら読んでいくと、長い物語の、時の爪痕を見るような心地になる。そこがこの短編集の読みどころでもあるのだ。どの短編にも、工夫と隠し味がある。そこから一つ二つを選ぶというのはむずかしいことだが、たとえば「怖い話」のなかの一編、「もう一人」などは、背筋を凍らせるには十分である。怖さも小説の面白さも堪能できる。

　好きな女が、結婚を迫られているという。相手の男は主人公の男とは会社の同僚。しかも虫の好かないやつだ。主人公はここぞとばかり、男を殺す。これで女を手に入れることができると喜んだのもつかのま、女は、告白する。

「……実は、もう一人いるの」

まだ、じゃまものがいる、というのである。主人公はその「もう一人」の男も、始末する。これでいいだろう。すると、女は、

「でも、もう一人いるんですけど」

この「もう一人」の男がどういう人か。それは本文を読んでもらうしかないが、誰であったにしても、怖い話である。小説が終わっても、「もう一人」という女のささやきがどこかから、きこえてきそうである。この女性が主人公にしてくる話はいつもとても短い。「もう一人いるの」。話があるのよ、というその話が、実はこれだけの話なのである。短い話というのはそれだけで、怖いものなのかもしれない。ぼくらの周りにもこういう人がいるだろう。いや、いないとしたらこの自分がそうであるのかもしれない。というふうに、小説の時間はこちらに流れこんできて、澱のようにとどまる。これが短編とぼくらの関係である。無気味ではあれ、理想的な関係だとしておきたい。というわけで、ぼくは「もう一つ、もう一つ」というふうにこの作品集の森のなかに、分け入ることになるのだった。だから果てはない。短い話ではないのである。

　全体を読み終えて、ぼくはこの一冊をつらぬく恐怖の質について、自分なりに考えてみようと思った。そこから一つのことがらが浮かんできた。それは、人間がどのあたりから、他人と区別されていくのだろうかということだ。

冒頭の「尾行者」では、ラストで、同じように自分も尾行されていると打ち明ける友人が出てくる。自分だけだと思っていたのに、そうではなかったのだ。そこで小説の幕がおりる。自分だけというのも怖い。でも自分だけではない、と感じたときの恐怖や不安には、種類を変える分だけ、特別なものがある。「もう一つ」ちがうレベルでの怖さが加わるからだ。「社会」の存在を感じるということ。これもまた怖いことなのである。

しかしぼくはこの作品集の世界を、もう少し身近なところへ引きよせてみたい。その一つのてがかりとして、「同じ」であるとはどういうことなのか、それを考えることからはじめてみたいのだ。いつからぼくらは他人と「同じ」になるのか。そして、「同じ」であることをどこまでひきずるものなのか。

少し個人的な話題になるがぼくはこの数年、海外をぐるっと回ってみて、一つの感想にとらわれることになった。たとえばトルコの小アジアへ行く。風土も民族もちがう。まさかと思ったが、アナトリアの農村を歩くと、日本人の顔に似た人がいる。そこでしばし関連を思う。中央アジアの国々へ行く。顔がぼくらともっとそっくりであることにおどろいて帰る。中国の南の奥地、雲南に行く。すると食べ物から習慣から、そして顔からして似た人をおおぜい見ておどろいて帰る。テレビを見る。モンゴルの人たちがうつる。顔形も表情も他人とは思われないのでまたまたおどろく。そしていったい日本人はどこの国の人と似ているのか、さらにあれこれの見聞がかぶさってくるから、わけがわからなくなる。それで、トルコも中央アジアの国も、そして雲南もモンゴルもぼくらのふるさとである、というふうに感じて、動きがとれなくなってしまう。もちろんそれは仲間がふえることだから、とてもうれしいことなのだ。でも、これをもう少し、具体的な生活の場所でもって考えると、やはり不安なことでもあるのだ。その点からこの作品集を読んでいくのも一つの興味となろう。

そう考えて見回すと、この書物には「同じ」であることについての話が少なくない。もちろん何人かの人物が「同じ」条件であることは、小説のなかではよくあることかもしれないが、注意ぶかく読んでいくと、それらが単なる登場人物の紹介にとどまるものではない感じがしてくる。

たとえば「あの晩のこと」という作品のはじめで、二人の男が、青春時代にともに相手のことを「親友」と感じていたという事実が記されている。また「無気味な同居人」も、ふたをあけてみればクラスメートであった。「遺書」という作品では、カラオケで、同じ歌をおぼえたばかりの男二人が出てくる。さらに、こういう例はいくつもある。

人間はみんな「同じ」ところからはじまる。学校で机を並べた、会社に同じ年に入った、仕事が一緒だった、遊び場がかさなった、というように、つながっている。しかし自分と他人の区別を意識させられる状態になって、人は少しずつ「同じ」であることからの立ち退きをはじめ、「同じ」ものから離れていく。そして自分になる。自分であることに、意識的になる。だが「同じ」だったのに、どうしてこんなにちがってきたのだという思いは拭えない。この「同じ」だったのに、という気持ちが、人生や関係を強い力で変えていく。と同時に、人は、「同じ」であったことにこだわりつづける。郷愁もある。一種複雑なものだ。そこからいっぱい「怖い話」が生まれてくる。

他人に対してだけではなく、自分のなかにさえこまかい亀裂を生んでいく。「指を鳴らす」「馬を射たり」といった作品は、「同じ」人物かと思いきや実はそういう推理にもウラがあったという結末である。そうしたものを含めて、「同じ」であるいっときを持った人間たちの登場は、ある共通した訴えを感じとらせるようにぼくには思える。おそらくこのことは情報化社会の表裏と無関係ではないだろう。

情報は、今日の人々のほとんどすべてを同一化する方向で進んでいる。日常の意見から社会、人生の見方までを一本の流れのなかに吸収しようとする動きは、反面、その不安と闘うために新たな情報をさらに求めさせることにもなる。主人公たちの多くは、「同じ」だった自分たちが、ある出来事をさかいに「ちがった」状況に投げ込まれ、うろたえる。でも彼らはそこで自分を振り返ることはあまりない。そしてまるで他人の物語のなかを生きるようにして、目先の出来事とともに、流れ去っていく。
著者は、そうした生き方に半ば共感しながら、ときに異なる場所に立って、「同じ」世界を見つめている。

（一九九二年、中公文庫）

薄れゆく歴史

梶山季之『李朝残影──反戦小説集』

「黒の試走車」「赤いダイヤ」などで一世を風靡した人気作家、梶山季之《としゆき》（一九三〇―一九七五）は、日本統治下の朝鮮・京城（現在のソウル）に生まれ、一五歳まで過ごした。

本書『李朝残影』の作品では植民地朝鮮の光景を、日本人の立場から見つめた。

「李朝残影」（一九六三）は、一九四〇年の京城。

絵画教師の野口は、妓生《キーセン》・金英順の宮廷舞踊に魅せられ、画に描く。彼女の父は、堤岩里事件で殺された。そのとき軍人だった野口の父が関わったことを知った彼女は、姿を消す。日本軍による民衆虐殺。野口は悩み苦しむ。

基底には朝鮮の人たちへの思いがある。京城で生まれ育った彼は朝鮮に親しみを抱いている。「その好意を持つ人間を、朝鮮の風物を追いかけている自分を、なぜ彼等が憎しみの眼で眺めるのか」と思う。著者が朝鮮にいたのは子どものときだから文化、風俗への哀惜は、幼少期のおぼろげな記憶をもとに、後年積み上げられたものだろう。「李朝残影」発表時、日本は戦後の新しい時代に入り、朝鮮に目を向ける日本人はほとんどいなかった。「朝鮮の邑《ゆう》・面《めん》は、日本でいう町・村である」などの基礎知識が文中にみえる。それは知らない人には大切なこと。「李朝残影」は、朝鮮と日本の人たちのために書かれた。均整のとれた視点は梶山季之独自のもの。

「族譜」（一九五二、一九六一改稿）は、皇民化政策の一環として朝鮮の人たちの姓名を日本風に変えさせた「創氏改名」（一九四〇年から実施）を扱う。徴用のがれで道庁の職についた谷六郎は、疑問をもちつつ、改名促進の任務にあたる。七百年つづく旧家の薛鎮英《へいちんえい》は親日家ながら頑として改名に応じない。「族譜」（家系を記したもの）を祖先のために守りたいのだ。薛は最後には同意、自死する。「創氏改名」の経緯、拒否した人たちの受難を直視し、薄れゆく歴史の断面を照らす。ぼくの読んだ範囲で「創氏改名」にふれた日本語の小説には、小尾十三《おびじゅうぞう》「登攀」（一九四三）、金達寿「壺村吉童伝の試み」（一九五九）があるが、正面から描くものは「族譜」の他にない。社会批判という面では、大正期の細田民樹「初年兵江木の死」、昭和初期の黒島伝治「橇」などの反戦小説、梶山季之と同時期に朝鮮で一〇代を過ごした小林勝の作品世界に通じる。

主題だけではない。「朝鮮の田舎では、ほとんどの民家が定額燈だった。灯りが点くと、部屋の中までが、かえって暗くなったような感じにさせられる」。こうしたささいな点も目にとまる。著者はほんとうに、朝鮮のことが好きなのだ、だいじにしたいのだと思い、ぼくは胸があつくなる。随所で描写を超えたものを感じさせる、稀少な名編だ。

終戦の日を描く「性欲のある風景」（一九五八）も際立つ。異性のもとに向かう兵隊たちの、長い行列。最後尾近くに「痛々しいほどの若さを溢れさせている」一人の少年航空兵を見かける。「時間がないんだ！」という、少年の叫び。牛の、激しい交尾の残像。主人公の青年は、終戦という大きなできごとと別の次元に、生命の根源を見出す。映像がしたたるような、鮮烈な作品だ。

梶山季之は、考えることを止められた時代にも、どこまでも考えつづける人だった。苦しみながら朝鮮を愛した。他に同時期の朝鮮社会を描く短編「闇船」「京城・昭和十一年」を収める。全五編。

（二〇二二年、光文社文庫）

鮮やかな感興

三浦哲郎『盆土産と十七の短篇』

三浦哲郎は一九三一年、青森県八戸市の生まれ。「忍ぶ川」（芥川賞）、長編「白夜を旅する人々」（大佛次郎賞）の他、多くの傑出した短編を書き、二〇一〇年に亡くなった。本書は中学・高校の教科書に掲載の一二編を中心に構成した、新編の文庫だ。

戦後の最上の短編としては、中野重治「萩のもんかきや」、佐多稲子「水」、耕治人「一条の光」、深沢七郎「おくま嘘歌」、安岡章太郎「サアカスの馬」、吉行淳之介「葛飾」、三島由紀夫「橋づくし」、田中小実昌《こみまさ》「ポロポロ」、色川武大「百」、阿部昭「明治四十二年夏」（以上生年順）などが思い浮かぶが、三浦哲郎の場合は新しい情感を描く点で際立つ。「じねんじょ」「みのむし」で二度にわたって川端康成文学賞を受賞。一字一句ゆるぎない筆あと。それはこれから先も、とうといものになるだろう。

表題作「盆土産」（一九七九）。出稼ぎの東京から帰った父親の土産は「えびフライ」。

見たこともない、大きなえび。ドライアイスなるものにもびっくり。父親は「また買ってくるすけ」と、終バスに乗りこむ。土産で家族がはねまわるようすが楽しい。

三浦哲郎の短編の特色は、多くの人が初めて知る新たな感興があること。「石段」（一九七五）。四歳の子どもと「彼」は遊びながら歩いていたが、そのころは「遊びをやめる潮時というものがわからなかった」。子どもが倒れ、けが。妻が病院に運び、「彼」はひとり神社の石段にすわる。一〇年後、下の子と歩いたとき同じようなことが起きるがこれは大丈夫だった。でもふと石段をふりかえる。「石段の途中に、誰かがしょんぼりと腰を下ろしているような気がしたからである」。あ、たいせつなものを見たとぼくは感じる。何かのあと石段でもどこでも、こうした姿勢をとることがあるが、このようなひとときが再生される例はなかったように思う。忘れがちな感興だ。

「睡蓮」（一九七八）。都会の幼稚園に通う悟は母と、ひと夏を山荘で過ごす。ひとりで遊ぶうち、「土と、それから、雨が好きになった」。東京の雨はいつとはなしに降りはじめるが、山では「最初の雨粒が、ぽつんと熊笹の葉っぱに音を立てる。また一つ。それから、あちらでまた一つ」。悟は、ききほれる。ある日、睡蓮の花を見ようとして足が泥んこにはまる。

〈悟は、途方に暮れたが、泥を憎む気持にはなれなかった。彼はただあたりを見回して、

「困るなあ。」

と呟いただけであった。〉

この「困るなあ」がすばらしい。思わずぼくは、このことばにききほれてしまう。好きになった土にとりまかれているのに、こんな形でいたずらをされる。「困るなあ」には、まるで人と話すような親愛のひびきがある。よいひとときのなかにも、ときにはちょっとしたことがあるものだ。それだけのことなのに、ぼくはここでも深くて大きなものをうけとった気持ちになる。

「ジャスミンと恋文」（一九七二）。郷里の母から、「私」の長女、つまり孫に「三浦哲郎方 晶ちゃんへ」とよく手紙が届く。「七十を過ぎたおふくろがどこで憶えたのか、随分甘ったるい文章を操る術を心得ていることに、私はびっくりしたものだ。どれも、まるで十七、八の小娘が書いた恋文のような手紙であった」。園児のころは親が読んできかせたが、もう大きくなった長女はひとりで手紙を読む。顔を赤らめ、「深くお辞儀でもするように躯《からだ》を折って笑ったりしていた」。母は「私」を入れて六人の子どもを産んだが、「そのうちの四人は若くして身を滅ぼして」しまった。「私」に、娘が生まれたとき、母はとてもよろこんだ。だから手紙はいまも、いのちへの「恋文」になるのだろう。

三浦哲郎は子どものときから悲劇にみまわれた。六つのとき、次姉が津軽海峡で入水、長兄は失踪。翌年、長姉が服毒自殺。一九歳のとき次兄失踪。三浦哲郎は「白夜を旅する人々」で、暗い血の宿命に向き合う。舞鶴が舞台の書き下ろし「風の旅」（『風の旅』学習研究社・一九六四）では、失踪した次兄の見えない日々を表現した。本書の虚構形式をとる作品にも父か母がいなかったり、兄弟が亡くなっていたりと影を落とす。それでも基調は明るい。三浦哲郎はよりひろいところで、人生への思考と想像をかさね、人々の多様な生き方を描き出すことに心を傾けた。そこから独自の文学世界が生まれた。

「とんかつ」（一九八八）は、この春中学卒業の男の子の話。住職の父が事故死、少年が寺をつぐ。修行のため母につきそわれ、青森から北陸の大本山へ。旅館では大好きな、とんかつを味わう。一年後、同じ旅館で母子は面会。少年はみちがえるように立派な雲水になっていた。でもやはり、とんかつ。どの場面も楽しい名品だ。

最後の一編は「じねんじょ」（一九八九）。死んだときかされた父親が、なんと、生きていた。その父親と会うことに。フルーツパーラーでの父と娘のぎこちない会話、別れるまでの一挙一動を、おそるべき鮮やかさで描く。短編小説の極致を示す作品だ。三浦哲郎の文章によって、いくつもの人生の魅力が見えてくるように思う。文学のよさ、美しさを現代に伝える一冊。

（二〇二〇年、中公文庫）

親しみのある光景

吉田知子『お供え』

吉田知子の『お供え』は、一九九三年に刊行された。収録された七編、「祇樹院」「迷《めい》蕨《けつ》」「門」「海梯《かいてい》」「お供え」「逆旅」「艮《うしとら》」は、一九九〇年から一九九三年の期間に文芸誌に発表されたものだ。著者は一九三四年、静岡県浜松市生まれ。

ひとりで、あるいは知人と連れだって山道を歩いたり、どこかの建物に入っていく話が多い。途中で、時間あるいは空間が少しずつずれていき、「私」は自分とは別のものになる。いまいる場所から他の場所へ移ったり、また戻ったりするのだ。見知らぬ声が聞こえることもあるし、初めて来たのに、また来たかのような感覚におそわれることも。作品の終わりより少しだけ前の地点で、何か固い影のようなものが文章のうえに現れるときもある。

家屋、庭木などの植物の描写がとても精密なのだが、よく見ると、美しいものを美しいと言うためではなく、無意味な方角に向けて美しいと書いていく。そんな力のこめかたがあるように思う。

文学的な光景とはいえないものをつくるときの文章にも、ぼくは思わず振り返りたくなる。何かあると見ていると、何も起こらなかったりするのだ。

「北口から七、八歳の男の子が首を出している。外へ出てくるか、と息を止めていると出るわけでもなかった」（「艮」）という一節。何も起きてはいないのだが、文章がひとつ残されるのは何かが起きたあかしと見るべきだろう。

「走り出しながらふりかえると事務所の戸口に痩せた背の高い男が立っているのが見えた。意外に若く、二十を出たか出ないかのとしの男だった」（「祇樹院」）。この男は、としまで見られているのだが、そのことは作品全体とあまりかかわりはない。それでも文章は書かれていく。

「料金所の横の売店の前を通った。さっき私に声をかけた中年女がまだいた。黙って私たちが通るのを熱心に見ている」（「海梯」）。よく、こういうことはあるなあと思う。この女性は、二回登場するが、名前はない。ただ目が合っただけ。この場合、あちらは、つまり女性のほうは、こちらを熱心に見ているが、それをまた見ているということは、こちらも熱心だということになる。双方の熱心さにつながりはないが、文章を読む人に、何らかのはたらきかけをする。そんな気配がある。

突然、人の声や物音が入ることも多い。

「逆旅」には、唐突に「ゲキリョだよ、結局。」という一行が割って入る。道中行き合った老婆の「ピシッ、ピシッ」という枝を振り下ろす鋭い音。「海梯」では、「オサムのまぶたを愛している」「オサムの冷たい足を愛している」「オサム目を開け」「オサム星になるな」など、橋のポールや柵の誰かの落書きが終始、点滅する。

『お供え』全体を通して、かなりの頻度でこうした音声、ことばがまじる。それらは内側にとどまるのではなく、作品の外側へ押し出される。こちらは作品の外側にいるので、それをまともに浴びることになる。

ことばには、自分を表わすもの、他人を表わすもの、世界をつくるもの、この三つのはたらきがあるとしたら、こうしたことばはどれにも属さない。どこからくるのか素姓のわからないものということになる。

吉田知子の作品は、自分を表わすもの、他人を表わすもの、世界をつくるものではなく、それらのひとまわり外側でつくられているようだ。そのため庭木や山道などの克明な描写も、地につくと見えるいっぽうで、そうではないものとつながっているように見える。路面から離れている点だけを見ると、特別なものに思えて、親しみがない小説だといえるかもしれない。でも何が人間の近くにあるのか、人間にとって近しいものであるのか。こちらの見方をあらためさせる。それもはたらきかけのひとつなのだと思う。現実に寄り添うのではない。現実をリードする。そういう書き方だ。こちらは新しい親しみのかたちを知ることになる。

いつのまにか別のものになる、という点についてはどうか。

「箱の夫」（一九九七・原題「外出」）は、夫の外出に付き添う話だが、少し進んだところに「道を四つ足で這っていくわけにはいかない」という文章がある。最初通りすぎたが、もう一度戻ってみて、どうも変だなと思いはじめ、夫が人間以外の生き物である、あるいはその要素を多分に含む生き物であることに気づく。そこからは坂道をころがるようにして作品は進む。「彼は、私の顔を見るとき、どちらかというと正面から見るより横目で見るときのほうが多い」という文章ひとつにも笑いが止まらないぼくは、深いよろこびを感じるようになっていく。どのあたりから変わるのか、こちらは注意しているが、たいていは予想とちがう時点に兆しがある。

表題作「お供え」（一九九一）では、誰かが早朝、家の前に花を置く。それがいつまでもつづく。誰が置いていくのか、「私」は気になり、つきとめようとするのだが、いっこうにわからない。三〇歳を過ぎたくらいの安西さんという男の人が、「私」のもとによく来る。ある日、花を置く犯人をつかまえようと、朝早くから見張っていたら、その安西さんがやってくる。「安西さんがうちの前を通って通勤しているとは知らなかった」。この文章がぽつりとあるので、もしかしたらこの安西さんが花を置いているのではないかとぼくは思った。思っただけで終わってよかった。こういうあいまいな気配の文章が多い。こちらは意味のあるところ、意味のないところに体ごともっていかれる。

　そのうちに家の東側の空き地で、妙な人影がふえてきて、そこからさらにこの作品は面白いことになるのだ。何かが、庭先に投げこまれる。「硬貨は石垣の下や庭石の横にも落ちていた。よく見ると紙幣に硬貨を包んだものもまじっている」。そのあと、「私」は「何もすることはない」と思う。

　このあたりから、「私」は目の前のできごとをあやしむのではなく受け入れていく気持ちになる。切り替わるのだ。切り替えのあと、ある人からお風呂に入りなさいといわれ、「新しい下着と新しい服を着てお化粧する」。

　芥川賞受賞作「無明長夜」（一九七〇）のなかで、新院という修行僧は、「あんたには自分以外のものはないのだ」と「私」に言う。さらに、「乾いた小ざっぱりした服に着替える……そういうふうなことをやっていればいいんだ、際限もなく。それだけなんだ」と。その音声の再来なのかもしれないと思ったが、「お供え」では、そのあと、風呂に入り、

「この日のために前から上等の真新しい下着を一包みにして用意してある」となる。「この日のために」という文章には、おどろく。ここでほんとうに切り替わっていることを知る。

というふうに、ひとつひとつ、書き写すようにして読んでいくと、思わず身を乗り出す感じになる。「私」でも作者でもなく、読んでいるこちらが書くことにかかわっているような空気になる。最後の場面。

「ふりむくと私の後にも横にも人間の壁ができていた。私の周囲だけが丸くあいている。手を合わせている人、石を投げる人、私に触ろうとする人。」

手を合わせる人、触ろうとする人がいることは想像できるが、「石を投げる人」は意外だった。地上を離れた目の高さからしか、こういう文章は生まれない。ぼくはあらためて息をのむ。いろんなものが飛んでくるという光景だが、手を合わせたり、お金を投げ入れるのは、この場合ふさわしい。石を投げるのは否定的な行為である。こうして、ありうることと、あまりありえないことが、当然のようにとけあう。一場面に混在する。異様なほどバランスがとれていると思う。これが現実かもしれないが、少しだけこちらが知る現実を上回っている、とまた感じる。近いところにあるものだけを見て、ものごとをおさえようとして生きる人、あるいはそういう態度で書いていく人。それらとは反対のものだ。

こういう文学の方針は、めざましいと思う。幻覚ともとれるところもあり、ひとつひとつの文章がどのような意味にふれているかは十分にわからない。だが文章が生まれるたびに、これまであまり見ないものが現れてくるのだ。形式的な心理や行動とは異なるものが表現されている。そう思うしかない。

「お供え」の二年後に書かれた作品に、「常寒山《とこさぶやま》」（一九九三）がある。『吉田知子選集Ⅰ』（景文館書店・二〇一二）に初収録。あまり知られていない作品だが、ぼくはたまたま文芸時評のときにこれを読むことができた。常寒山は、愛知県新城市の南東部にある、四六七メートル（実際は四八〇または四八二メートル）の山。友人たちとこの山に登る。人物の離脱、時間と空間のゆがみが特異な世界をつくる。しかもつくるだけではなく更新していく。とても魅力のある作品だ。

　この作品によると、「眺望のきかないこと」。これが常寒山の欠点というか、面白いところらしい。登っていく間じゅう、視界は開けない。「頂上もやはり同じような林の中だった」。吉田知子の作品も視界が得られないという意味では、この常寒山に近いかもしれない。ただ「お供え」や「常寒山」などを何度読んでも魅了されるのは、人が眺望のよさとは別のものを求めていること、単純な視界を求めていないことのしるしかもしれない。心の深いところで、このような文学と親しみたい気持ちをもっているのだと思う。

　初期の作品「そら」（一九七二）は少女ヨネコの物語だが、日本の文学にはほとんど見かけることのない新しい書き方で、文学のひとつの極点を指し示している。祖父のことを記す「門」（一九九〇）と、同じく祖父を描いたと思われる「東堂のこと」（一九七〇）を比べると、同じ人かと思えるほど書き方が異なる。眺望は多様であり、一様ではないのだ。それだけに吉田知子のすべての作品を読みたいという思いは募るのである。

「箱の夫」を読みなおすと、妻が、この夫に対して、日ごろからとても従順であることにおどろく。人を疑わないという点で確固たるものがある。そのために物語はまっすぐに進むことができる。また『お供え』の作品には、日常の不安定なさまが書きとめられているように思われるが、逆にいえば、何があっても動じない意志のようなものが存在し、その動じないものが、ありあまるために、切り替えを経て非日常のなかへと降り注ぎ、より大きな世界となって現れるという一面がある。「眺望のきかない」空気のなかに切りこむことができるのはそのためだと思う。

いい作品というものは、そのようすがわかっているからこそ、穏やかではいられないものなので、できれば、読みたくないものだ。読むと、いまそうであるように、大変なことになるので、調子がわるいとか、明日があるということにして、あとまわしにするものである。でも読んでみると、想像を超えるものがある。

切り替えということでいうと、読者が次第に作者になっていくという変化も勘定に入れて不思議はない。この作品は作者が書いたのではなく、自分が書いたという気持ちで読んでいくと、ここはこう書いた、これでよかったなどと、ひそかに胸を張ることもできるかもしれない。読んでいることを忘れると、いろんなことが可能になるのだ。本来、文学作品には、そのような読者との関係があるのだろう。石を投げられてもいい。石以外でも、よい。この先、何が現れてもいい。『お供え』を読むと、そんな気持ちになる。

（二〇一五年、講談社文芸文庫）

垣根をこえて

阿部昭『天使が見たもの——少年小景集』

『天使が見たもの——少年小景集』は、阿部昭（一九三四—一九八九）の作品集。少年を主人公とする一二編を収録。そのなかの六編は、高校の国語教科書に掲載の作品だ。「子供部屋」（一九六二）は、初期の代表作。知的障害のある兄・一成の振る舞いは、母と中学生の弟・晴男を悩ます。兄は病院に入る。病室を訪ねると、レコードに合わせて同じ歌を何度もうたう兄。「一成が夢中になって歌っているあいだに、日はゆっくりと傾いて行った。陽ざしが遠のいて行くにつれて病室の消毒の匂いは、いつの間にか二人が持って行った花束の匂いに打ち消されて、ずいぶん長い時間そこにいたような気持を起こさせた」。空間の色合いまでを描いていく。

連作「幼年詩篇」（一九六五）の一章「父の考え」は、元海軍大佐の老父の日々。生活能力なし。「何か売るものはないか」と次から次に家財道具を売り払っていく。家族はうろうろ。同期の元軍人と計画した観光事業も立ち消えになり、「父は、今度は、家を処分することを思いつくのだ」。このこまったお父さんは、亡くなったあと、「大いなる日」「明治四十二年夏」など、子息・阿部昭の名作で、異なる姿を見せることになる。父子のかかわりだけではない。作品どうしの絆も見えてくる。

「子供の墓」（一九七二）。父となった主人公は、三歳の子どもといっしょに、父や兄の眠る墓へ。子どもは飛び回り、気にいった他の墓にも、水をかける。「およそどこの誰か父親にも見当のつかない榛葉家や浅場家や山口家に柄杓二、三杯ずつ水をかけて歩く」が、ときおり父親のほうを見る。町なかでも、「子供はよく父親の存在をたしかめるために振りむく」。ああ、ほんとうにそういうものだ、とぼくも思う。そのあと父親は、砂山の頂上に立ち、自分もまた子どもの時代から生きてきたことを振り返り、「この白い野が父親自身の幼年の墓だった」と思うのだ。少年期は自分自身のものであると同時に、それを通過したおとなのものでもある。子どもとおとなの垣根をこえて、文章がつづく。

表題作「天使が見たもの」（一九七六）は、母と小学四年の少年の暮らし。母はスーパーで働くが不摂生で病気がち。よく発作をおこす。母は、出かけるとき、あれを食べなさいなど簡単な置手紙を残す。ある日学校から家に帰った少年は、母が病気で死んでいるのを見つけ、そのあとスーパーの屋上から飛び降りて、母の後を追う。「このまま病院へ運ばずに、地図の家に運んで下さい。家には母も死んでいます」とメモがあった。その地図には、自宅まで、「やく二百五十メートル」と記されていた。実際の事件をもとにした作品だ。

　母と子の間をゆきかった愛情は、まるで影のなかに収まるように淡々と描かれる。でも母が置手紙を残したように、子どももメモを残したのだ。二人はそこで重なることになるのかもしれない。母であること、その子であることのしるしのように。

　この「天使が見たもの」の冒頭、子どもがひとりで、鳥小屋を見に行く場面。すみっこの暗がりの土の上に、「親どりをそっくりそのまま寸法を縮めたような雛が、ある日突然に地面から湧いて出たといった感じでいつのまにかちゃんと歩いていたりするのだった」とある。ぼくはこの最初の一節に、あらためて目をとめた。それからメモの場面に戻り、母と子の哀切な情景をまぶたに深くおさめることになるのだ。つくるのではない。自然と生まれ、流れでることばで、阿部昭の作品は書かれた。すみずみに、湧き出るようないのちがある。

（二〇一九年、中公文庫）

書棚から　I

森鷗外『山椒大夫・高瀬舟・阿部一族』／森鷗外（一八六二―一九二二）の後期作品集。中世の語り物をもとにした名編「山椒大夫」（一九一五）は広く読まれ、文学の原風景となった。「寒山拾得」（一九一六）の、さざなみのように広がる笑いには、そのあとの日本文学にはない感興がある。解説、高橋義孝。　（一九六七年、二〇一二年改版、角川文庫）

島崎藤村『破戒』／詩と小説で、日本文学を革新した文豪、島崎藤村（一八七二―一九四三）の歴史に残る長編。一九〇六年刊。「蓮華寺では下宿を兼ねた」という一行から始まり、物語は火を噴く。新時代に向かう人びとの雄姿と葛藤を描き、近代小説の主題を明らかにした。読むたびに心が震える。　（一九五四年、二〇〇五年改版、新潮文庫）

網野菊『一期一会・さくらの花』／「一期一会」（一九六六）は、私小説一筋に生きた網野菊（一九〇〇―一九七八）の代表作。八世市川団蔵の芸風は、克明で、生真面目だが、

「花」がなかった。そこに「私」は自分を重ねる。団蔵は四国巡礼を終えたあと、播磨灘に入水。その最後の足どりを追い、人生の哀感を深める。（一九九三年、講談社文芸文庫）

木山捷平『大陸の細道』／木山捷平（一九〇四―一九六八）、初の長編。一九六二年刊。酷寒の満洲をさまよう苦難の日々を、軽やかな温かみのある筆致でつづる。引揚者の思いは同年の名編「苦いお茶」で描かれる。解説、吉本隆明。（一九九〇年、講談社文芸文庫）

耕治《こうはる》人《と》『一条の光・天井から降る哀しい音』／昭和文学の異才、耕治人（一九〇六―一九八八）の作品集。戦時中の部屋の「一条の光」（一九六七）、千家元麿を回想する「詩人に死が訪れるとき」（一九六九）、晩年の名編「そうかもしれない」（一九八八）など。耕治人は誠実で確かな文章で、独自の文学を築いた。（一九九一年、講談社文芸文庫）

長谷川四郎『鶴』／長谷川四郎（一九〇九―一九八七）の七編。終戦直前のソ満国境。一羽の鶴が飛び立つ「鶴」、国境付近で働く男の死「張徳義」。ともに一九五二年の作。国境と人間を見つめる、静かで深い文章。戦争文学の新境地。（一九七八年、集英社文庫）

田村泰次郎『肉体の悪魔・失われた男』／田村泰次郎（一九一一―一九八三）の代表的短編を収録。「蝗《いなご》」（一九六四）は、従軍慰安婦と兵士たちの実像を刻む先駆的作品。「失われた男」（一九六六）は、戦場で罪を犯した男たちの残影を描く。田村泰次郎は戦後文学の第一声「肉体の門」（一九四七）のあと、しばらく低迷したが、戦場の闇は、復員後

二〇年の歳月を経て光を放った。（二〇〇六年、講談社文芸文庫）

金史良《キムサリャン》『光の中に――金史良作品集』／金史良は一九一四年、朝鮮・平壌生まれ。東大独文卒。「光の中に」（一九三九）「親方コブセ」（一九四二）など、生気あふれる日本語ですぐれた小説を発表し、在日朝鮮人作家の先駆となる。朝鮮戦争では、朝鮮人民軍に従軍、一九五〇年、原州《ウォンジュ》付近で消息を絶った。三六歳。（一九九九年、講談社文芸文庫）

広津桃子『石蕗《つわ》の花――網野菊さんと私』／広津桃子（一九一八―一九八八）の評伝小説。一九七九年の作。一人の境涯を生きた作家、網野菊の話を聞き、その生活風景と人生の歩みを、心をこめて描く。自然な筆致に新しさを感じる。表題は、網野菊晩年の句「冬支度するもひとりや石蕗の花」による。（一九九四年、講談社文芸文庫）

色川武大『百』／色川武大（一九二九―一九八九）の遺作集。老父の姿をとらえた「百」（一九八二）など四編。男性と女性、おとなと子どもなど、どのような立場にも、偏りのない見方をもった。どの作品も愛らしく美しい。（一九九〇年、新潮文庫）

後藤明生『挾み撃ち』／後藤明生（一九三二―一九九九）の長編。ある日の夕方、「わたし」は、お茶の水の橋の上で、一日を振り返る。上京直後に過ごした埼玉・蕨を訪ねるなどして、また橋の眺めに戻っていく。一見平凡な目線の先に、現代文学の方向を指し示す世評高い一冊。一九七三年刊の書き下ろし作品。（一九九八年、講談社文芸文庫）

II

幸福の眼

プーシキン『オネーギン』

プーシキン（一七九九－一八三七）の詩と小説は、ロシアのみならず世界じゅうに大きな影響を与えた。ロシア文学を理解するためには、プーシキンだと教わったが、大学卒業の年の一九七二年から一九七四年にかけて『プーシキン全集』全六巻（河出書房新社）が出たことも知らなかった。そのあと「オネーギン」（木村彰一訳）の入る第二巻を買ってはみたものの、「心傲《おご》れる社交界をば愉しまそうとはつゆ思わず」ではじまる五三〇〇行に及ぶ長い詩を、読みすすめるのは難行だった。

そこに光がさした。「オネーギン」（一八二三－一八三〇）は韻文小説、詩の形式をとった小説だ。散文に訳し変えた、池田健太郎訳『オネーギン』（岩波文庫）を読むことで「オネーギン」がどういう内容の物語であるかがわかったのだ。

裕福な知識人の青年オネーギンは、ロシア社会になじめず、無為の日々を送る。恋にも飽きた。退屈な田園生活で、地元の美しい娘タチヤーナに出会い、愛の告白をうけるが、彼女を遠ざけてしまう。恋は、いつでもできると。そのあと、彼女は人の妻となるが、落ちぶれた彼は、そのときになって彼女への愛にめざめる。

　だが時は過ぎていた。オネーギンが衰えていくいのちをふりしぼってつづるタチヤーナへの手紙と、タチヤーナからの最後の返信は、この作品の白眉であり、読む人すべての胸を打つことになる。オネーギンの手紙の一節を、二つの訳で比較してみる。詩のかたちの訳と、散文訳だ。

「自由と平和こそ幸福に代りうるものだと、／そう考えたのです。ああ、仕方がありません！／何という誤りでしたろう！」「あなたの前で、苦悩のために正気を失い、／蒼ざめ果てて消えていく……これこそ幸福というものでした」（中山省三郎訳・一九三六）

「（……）僕は、こう考えたのです。――自由と安らぎは幸福に代り得る、と。ああ、何という間違いだったでしょう」「あなたの前で悩みほうけ、青ざめ、消えて行く……これが幸福だったのです」（池田健太郎訳・一九六二）

　作家でもあった中山省三郎訳もいいが、池田健太郎の訳のほうがすっきりし、胸におさまる。「自由と安らぎ」ということばは、オネーギンの心に沿うものかもしれない。

　いっぽうタチヤーナの手紙は冷静に、率直に自分の気持ちを示す。

「あのときあなたはわたくしのおさない夢想《ゆめ》を／少なくとも憐れんで下さいました。／年齢に対する顧慮だけはしてくださいました」「幸福は眼のまえにありました。／それを獲るのもやさしかった！……」（木村彰一訳・一九七二）

「せめてあの時、あなたが私の幼い夢に一片の哀れみを、幼さに対する一片の同情を持って下さったなら」「仕合せは目の前にありましたのに、手を伸ばせば届くほど近くに……」（池田健太郎訳・一九六二）

二つの訳には、はっきりとした違いがある。前のほうは、子どもらしい夢を憐れんでくれたとあり、後ろの訳は「憐れみ」がなかったことになっている。詩は、文脈が不分明。散文で訳したときには失われる「もや」のようなものがたちこめるので、こんなことになるのかもしれない。意味はどちらも同じで、オネーギンの「憐れみ」に不足があったということなのだろうが、こうして比較してみて、わかることもあるのだ。

恋なんて、急ぐことはない、いつでもできると、人生を甘く見るのはオネーギンひとりではない。「オネーギン」の悲劇は、誰もがどこかでもつ姿を、その心に問いかけるものとなった。

映画「オネーギンの恋文」（一九九九）。凍った湖上でタチヤーナがスケートを楽しむ。こっそり見つめる、老い衰えたオネーギン。一瞬、タチヤーナは向きを変え、オネーギンのすぐそばに近づくが、突然、彼の目の前で、くるりと向きを変えて、滑り去る。この情景は原作にはないが、二人の位置を暗示し、印象的だ。幸福は、眼のまえにあったのだ。だが向きを変えた。

（池田健太郎訳。一九六二年、二〇〇六年改版、岩波文庫）

消えていくこと

ゴンチャロフ『平凡物語』上・下

いまから一六〇年ほど昔、ロシアで、とてもいい小説が書かれていた。

一九世紀ロシアの文豪ゴンチャロフ（一八一二―一八九一）は、世界じゅうの読者の心に刻まれた名作『オブローモフ』（一八五九）の前、一八四七年に、長編をひとつ書いた。それが『平凡物語』上・下（岩波文庫）である。上巻の第一章に「自分の一生の決算をする時、幸福であった十年という年月を数えることの出来る人は幾らもありはしない」という一節があるが、『平凡物語』は、いなかに生まれた青年アレクサンドルの一〇年あまりの歳月を通して、人生の意味を語りかけるものだ。

青年は出世と恋と友情を夢みて、帝都ペテルブルグへ。以前からそこに暮らす叔父（三〇代なかば）は、役人として成功、工場も営む。詩を書く夢想家の青年に、きびしい訓告。恋愛も友情も不要、人間は仕事がいちばんだと。青年が恋人からもらった指輪も、ぽんと窓から捨てる。

〈「叔父さん!」彼は繰り返した。

「何だ」

「あなたのその行動は何と言ったらいいでしょう」

「それはこの部屋の中に残しておけないような、非物質的な印や、その他の一切の愚物雑物を窓から運河へ投げすてること、と言ったらいいだろう……」〉

会うたび、火花を散らす二人。青年も負けていない。

「叔父さん、あなたの話を聞いていると、叔母さんが寝てるのに、叔父さんがのんきに書斎で仕事をしている訳が分かりますよ」

だが恋愛に友情に都会に、そしていなか（一時、帰郷）にも幻滅した青年は、現実の側へと人生を切りかえて出世と幸運をつかみ、どこにでもいるような「平凡」な人間になって、ある日突然叔父の前に現れる。よくやったと、叔父。二人は抱擁……。昔もいまも、人はなんだっていい。「平凡」でもなんでもいい。生きていけるなら、しめたものだ。

でも、よかった、よかったと単純にはいえない。叔父の妻リザヴェータが二人を見つめていたからだ。

「彼女は甥と夫の恐るべき両極端を目撃していた。」

上巻ではほとんど姿を見せない彼女だが、下巻では、夫の生き方を疑い、終始、甥アレクサンドルの変化にも心を痛めるなど、人間らしい疑問と愛情を忘れない人として登場する。イプセンの「人形の家」（一八七九）の三〇年前に、ゴンチャロフは新しい、芯のある女性を造型したことになるが、作者は叔父夫婦にも青年にも、かたよりのない視線をそそぐ。作家たるものは「個人的な熱中や偏愛」に動かされずに、「落ち着いた、澄みきった眼で人生と人間一般を見渡さねば」とは、作中のある人物のことばだが、『平凡物語』の非凡さは、こうした作者の、人間全体に対する考え方のなかにあるように思われる。

その意味で、ぼくの印象にのこったのは二人。ひとりは、青年が友人と釣をしているとき、父親らしい老人といっしょに来て、そばに立った娘だ。三日目にも来る。そのあとも。あまりものをいわない彼女と、機械的な視線をおくる青年。この光景は特に意味もなく、うすっぺらなのに印象的だ。ああ、このようなことはよくあるのに、ゴンチャロフの小説でしか出会えないことだと、ぼくは思うのだ。ゴンチャロフは「平凡」な情景も、描き分けた。いつでも、どこかをよく見ていた人だ。

もうひとりは、青年がいなかにいるとき、そしていなかに帰ったときに現れる、アントン・イワーヌィチという人物だ。「心痛も、昂奮することもない」人で「誰にも用のない人間」だが、彼がいないと結婚式も葬式も「何ひとつ儀式がまとまらない」。呼ばれたら、夜会にも家族会議にも列席。あちこちで食べる。誰々によろしく、と知らせてというときも彼はそのよろしくを誰々に知らせるなど、不思議な役をこなす人で、「家の親友」といわれもする。軽んじられているのか、それとも逆か。それもわからない人だ。息子アレクサンドルを見送った母アンナ・パーヴロヴナが、悲しみに沈んでいるときも、彼はいた。

「アンナ・パーヴロヴナは一日じゅう黙りこんで、昼食も、夕食もとらなかった。その代りにアントン・イワーヌィチが話をしたり、昼食を食べたり、夕食をとったりした。」

おもしろいな。こんなときも、人の家で食べるイワーヌィチ。

農奴制廃止の、少し前。古い社会の家のなかに、こんな人たちがいたのだ。はいはいと、なんでもオブローモフのいうとおりに動く、友だちアレクセーエフ（『オブローモフ』）も、同じような人物だといえるだろう。ゴンチャロフはこうした人たちを「かたすみ」に置かなかった。ひとりの人間の節目に登場する人や通り過ぎる人を、変わりゆく社会のなかで消えていく人の姿として描いた。その人たちの世界をゴンチャロフは心のなかで、とてもだいじにしていたのだ。そしてみずからの小説のなかでも、たいせつにした。

（井上満訳。二〇一〇年、岩波文庫）

湖

シュトルム『みずうみ／三色すみれ／人形使いのポーレ』

一九世紀ドイツの作家シュトルム（一八一七―一八八八）の作品集。シュトルムは北ドイツの海沿いの小都市フーズム（当時はデンマーク領）の生まれ。

「三色すみれ」は老学者の後妻と先妻の娘の、心の動きをたどる。「人形使いのポーレ」は、旅芸人一家とのふれあいを繊細に描く。ともに一八七四年の作品。

一八四九年に書かれた「みずうみ」は、近代ドイツ文学屈指の名品。悲しい物語ではあるが、思い出をもつ人が、いまも生きて、そのときのことを思うことができる。そこにほのかな明るみを感じさせる作品だ。

ひとりの老人が、若き日を回想する型式。幼なじみのラインハルトと、エリーザベト。いつもいっしょに森や野原を歩く。それからもずっと仲良しだったのに、二年、さらに数年と経過し、疎遠に。彼は、結婚した彼女と再会。たがいに思いをひきずり、ことばにならない。ふたりはもう、二度と会うことはないからだ。

ラインハルトが、エリーザベトの「手」の上に「秘かな苦しみのかすかな特徴」をみとめたり、湖の睡蓮の花に向かって泳ぐ場面も印象的。簡素で美しい文章は、作品が終わったあとも残る。

およそ一七〇年も前に書かれたものなのに、他の名作の多くは、片隅へ消えたというのに、「みずうみ」はいまも読む人の心をざわつかせ、苦しめる。歳月がもたらす情感を、これほど静かに、鮮やかに見つめた作品はないからだ。人間の光景はすべて、この「みずうみ」に浮かぶ。全三編。新しい名訳。

（松永美穂訳。二〇二〇年、光文社古典新訳文庫）

椿姫

デュマ・フィス『椿姫』

恋愛を書いたものとして、これ以上哀切なもの、美しいものはない。それがデュマ・フィス（一八二四―一八九五）の『椿姫』だとあらためて思う。その『椿姫』の新版が角川文庫で出た。西永良成訳。

一八四八年、いまから約一七〇年前の作品である。直訳の題「椿をもつ婦人」では「だれも読む気にならなかっただろう」（解説より）。一九〇三年、日本最初の長田秋濤訳は『椿姫』。みごとだ。『椿姫』は現在、岩波文庫、新潮文庫にあるが、今回の角川文庫は同じ訳者による光文社古典新訳文庫（二〇〇八）の新版だ。比較してみると、主語と読点の位置などもかなり改まる。『椿姫』の決定版とみていい。

若き美貌の高級娼婦マルグリットは、青年アルマンと出会うことで真実の愛を知るが、青年の父の説得を受け入れて、身を引く。青年は去り、マルグリットはさみしく死んでいく。その悲恋の軌跡を鮮やかに描く。

　ぼくの心にしみるところ。ひとつは、見舞いだ。お互いを知らない段階。マルグリットが病気だと知ったアルマンは、名前も告げず二か月間、回復を知るまで毎日、見舞いに行く。わがままでややこしい性格のマルグリット。愛されたことはあるが、人を愛したことがない彼女の心を動かしたのは、この見舞いだ。好きになることは、なによりもまず相手の健康を祈ること。これに尽きる。「あなたがじぶんではなく、あたしのためにあたしを愛してくれるからなの」というマルグリットのことばは、恋愛をする人にとってはもっとも読みとりにくいものかもしれない。『椿姫』には、心の根幹にかかわる大切なことがたくさん書かれている。惜しみなく書かれている。

　もうひとつは、恋愛の当事者による「論戦」である。以下、二人の対話。一部簡略に。

「いったいどういう気持ちからなの？」「献身です」「その献身はどこからくるの？」「やむにやまれぬ同情からです」「あたしに、恋しているってこと？」「そうかもしれません。でも、もしそう言わねばならないとしても、それは今日ではありません」「でもそんなこと、けっしておっしゃらないほうがいいわよ」「どうしてですか？」「その告白からはふたつの結論しか出てこないから」

　対話は、どこをとってもきびしい調子のものだが、愛をめぐることばとしてこれ以上ないほど徹底した印象を与える。この論戦は互いの思いと知恵を尽くすものだけに透明度が高い。おそらくいまも、すべての恋愛はここに示されたような対話を十分に体験することなく行われているはず。人の心にほんとうは生まれるものでも、それを知らないまま通り過ぎる。そういう人の姿があるかぎり、『椿姫』は永遠の生命をたもつことになるのだ。

　さらにひとつ。さりげないことばにも測り知れないものがあり、その重みがしっかりと書きとめられて、こちらに伝わることだ。アルマンの父の懇願を聞き入れる場面は、何度読んでも胸を打つ。息子の知らないところで話しあうアルマンの父と、マルグリット。息子のこのあとの動きを案じる父に、マルグリットはいう。

「ああ、ご安心ください。あのひとはきっとあたしを憎むことになりますから」

　このひとことに、たびかさなる対話と、現実の行いを通してアルマンを理解する、マルグリットの心の姿が鮮やかに示されている。すきのない構成。こまやかな、気持ちの動き。ことばと思考のかぎりを尽くす『椿姫』は、ひとつずつ文章をたどると、感動が深い。人を好きになる。そのときも、ひとつひとつ見ていく。それが大切なのだろう。

（西永良成訳。二〇一五年、角川文庫）

ブラジルの代表作

マシャード・ジ・アシス『ドン・カズムッホ』

『ドン・カズムッホ』は、ブラジルの文豪マシャード・ジ・アシス（一八三九－一九〇八）の代表作。一九〇〇年刊。特別な新しさをもつ、素晴らしい長編だ。

　著者の父は、黒人奴隷の血を引くペンキ職人。母はポルトガル・アゾレス諸島からの移民。貧しい家に生まれたマシャードは、印刷工として働きながら独学で文学の素養を身につけ、近代ブラジル最大の小説家となった。語り手の「わたし」ベンチーニョは、隣家の少女カピトゥと仲良し。二人は結婚するが、生まれた子の父親は友人ではないか。疑惑までの曲折をつづる。題「ドン・カズムッホ」は偏屈卿、むっつり屋の意味。

　一五歳からの経過を、おとなになった「わたし」が寄り道しながら回想する。一四八の短章で構成。「引き波の目」「髪結い」の各章が少女カピトゥの話、次は「ぼくは男だ！」「使途座書記官」、その少しあと「心は謎だらけ」「ああ、びっくりした！」と、まるで自由詩の展開。リズムがある。こちらもすいすい進む。外国の作品で、こんな体験は、まれなこと。とてもこんなに長い小説だとは思えないのだ。

夢のなかで、皇帝と話をする「皇帝」、曇りの日に外出しない「結婚後」、長椅子と人数の関係「長椅子」、所長代行をはずされ落胆したが、そのうち元気が戻り代行時代を熱く語る「所長代行」と、つながりなど忘れて各章を楽しむことに。「ときどき右肩を揺する癖があったが、あるとき神学校で仲間の一人がそれを指摘すると、癖はなくなった。人間が細かい欠点をみごとに直せるのを見た、最初の例だった」。こんな点にも目をあてる。

特に印象的なのは、歴史や書物を配置する場面。病気で、読書にふける少年マンドゥッカ。「書くのが好きだった彼は、まるで劇的な新薬を相手にするかのように、この論争に打ち込んだ。さびしく長い時間が、いまは短く楽しいものになった」。マンドゥッカと「わたし」、二人の子どもの論争は、クリミア戦争をめぐって展開。この場面ひとつで、遠い歴史の話の輪に入るような心地になる。

二八三頁に、「当時は、デートには馬ででかけるのが習慣だった。アレンカールを読み返してほしい」。アレンカールって誰かな。注をみると「ブラジルのロマン主義の小説家（一八二九〜七七年）ブラジルの小説の創始者の一人」とある。いまの日本では読まれない、おそらくずっと読まれないかもしれない作家なのに、その名がきらきらと輝く。この長編全体の文章の流れがこころよいので、知らないことまで透きとおって見えてくるのだ。こってりと時代を書く必要などない。歴史のこともこのくらい。「わたし」の回想もこのくらい。それでも必要なものは伝わる。いまいろんな場所で本を書く人にもだいじなもの、宝石のようなものがこの小説にいっぱいちりばめられているように感じた。

思えば、第一章「題名について」の結びの文に、この物語の要点があったのかもしれない。「本には、それを作者しか実感できないものもあるが、それほどではないものもあるのだ」。書く人とは思えないほど柔らかい見方だ。このように、作者をものごとの中心に置くことはしないのだ。できるかぎり特殊なもの、過剰なものを遠ざけて、標準的な世界の深みを照らしていく。それがマシャード・ジ・アシスの世界なのだと思う。

ラテンアメリカ文学は、中南米の国の数が優勢なスペイン語圏が中心。ポルトガル語のブラジルの作品は西欧でも日本でも紹介が遅れた。だがブラジルでは近代初頭のマシャード・ジ・アシスの出現以降、多くの作家が登場し、独自の世界を築いた。『ドン・カズムッホ』は、南米の「文学大国」ブラジルを代表する傑作である。

（武田千香訳。二〇一四年、光文社古典新訳文庫）

心理の夜景

ヘンリー・ジェイムズ『デイジー・ミラー』

長編『ある婦人の肖像』『鳩の翼』『金色の盃』（以上、二〇〇〇年前後に映画化）を書いたアメリカの文豪、ヘンリー・ジェイムズ（一八四三―一九一六）。その文名を高めた初期の傑作『デイジー・ミラー』（一八七八）の小川高義による新訳だ。既刊に、新潮文庫・西川正身訳・一九五七、岩波文庫・行方昭夫訳・二〇〇三など。

二七歳の青年ウィンターボーン（以下、彼）はアメリカ人だが、幼時からスイスで育ち、ヨーロッパの教養を身につけた。ある日、ジュネーヴに滞在する伯母を訪ねたおり、観光に来たアメリカ娘アニー・ミラー（愛称デイジー）と出会い、その途方もない美しさに魅せられ、恋心を抱く。

心理表現は精妙。二人が初めて会う場面。デイジーの九歳の弟が、青年は「やっぱりアメリカの人だってさ」と姉に告げると、〈若い女は伝えられたことには耳を貸さず、じっと弟を見ていた。「いいから、もうちょっと静かになさいな」と、それだけを言う〉。弟、姉の登場の仕方が絶妙。

夜の湖畔で、デイジーの母親を見かける。「こんな暗がりでよくわかりますね」と彼が言うと、彼女は、「だって自分の母親ですもの。それに、わたしのショールを掛けてるんで！　しょっちゅう娘のものを持ち出すんです」。そのあとの一文。「こうして話題の主となった婦人は、あやふやに立ち止まって、足を止めた地点から踏み出せなくなっていた」。後半の西川訳「立ち止まったそのあたりをぶらぶらしている姿がぼんやり見える」。行方訳「歩みを止めたそのあたりでなんとなくぶらぶらしていた」。暗くて見えないので、母親は動きがとれない。歩みを止めるのも、母親が娘のものを着るのも、よくあること。こうした印象の域に達しないことも、ジェイムズは映し出す。

舞台はローマへ。夕方のピンチョ庭園での会話も起伏があり、面白い。無関係なこちらも、どきどきする。

デイジーは男たちと、夜おそくまで遊びまわる。行き過ぎた振る舞いは、ローマのアメリカ人社会で、良からぬうわさに。「野放図でも無邪気でもある」デイジーの行動を理解できない彼は、「浮ついたアメリカ娘というものは、この世の何よりも奇妙にできている」と、心の中で叫ぶ。マラリアの巣窟とされる、古代遺跡。そこでデイジーは、イタリアの美男弁護士と、月夜を楽しみ、ほどなく熱病で、若い命を失う。彼女は外見と異なり、純真な娘だったことを後で聞かされる。彼への最後のことばも、母親（さっき動けなくなった人です）を通して届くが、それでもデイジーの気持ちは見えにくい。外国暮らしが長すぎた自分はアメリカ人のことがわからなくなったのではないか。彼はいま、そう思うのだった。

この心理小説は、青年の内部を細密精緻に描写するものの、デイジーの内部を照らすことは、ついになかったと見ていいのだろう。一方に傾くとは、まことにアンバランス。前例のない、大胆きわまる手法だ。だが彼女の内側が見えないだけに、その姿はいつまでも胸にとどまることになるのだ。それにしてもデイジー・ミラーは、どういう人だったのだろう。そして人は、どこまで人について考えることができるのだろうか。そんな思いへと導く。世界文学の真価を示す一冊。

（小川高義訳。二〇一二年、新潮文庫）

近代の記憶

セアラ・オーン・ジュエット『とんがりモミの木の郷 他五篇』

近代アメリカ文学の新しい情景を知ることができた。

セアラ・オーン・ジュエット（一八四九―一九〇九）の『とんがりモミの木の郷《さと》 他五篇』（岩波文庫・二〇一九）は、表題作「とんがりモミの木の郷」（本邦初訳）ほか五編で構成。この女性作家の本が日本で出るのは、この文庫が初めて。

ジュエットは、入植時代からの古い歴史と文化をもつ、アメリカ北東部ニューイングランドのメイン州の町に生まれた。子どものとき、医師の父に連れられて各地を歩き、ニューイングランドの自然、農民、漁民の生活を知り、一〇代で創作の道へ。一八九六年、四七歳のときに発表した「とんがりモミの木の郷」は、地方に生きる人たちの静かな記憶をたどるものだ。

「長く延びた岸辺を覆う数多のとんがりモミの木は、黒っぽい外套でもまとって船出を待つかのように立ち並んでいた。」

遠くに島々の見える海辺の町で、文筆家の「わたし」は、ひと夏を過ごす。下宿先の家主ミセス・トッドはさまざまな薬草を栽培し、近所の人たちに分けている。「わたし」はその手伝いをしながら、彼女の話を聞く。そこから離れたグリーン島に住む彼女の母親を、いっしょに訪ねる小さな旅も。島だから来客はまずないのに、応接間を設けている母親の心は、孤独ではない。母親とともに暮らす六〇歳くらいの息子ウィリアムは、はにかみや。なかなか姿を見せない。でもある日「わたし」の後ろから、親切なことばをかけてくる。こうした、そのあとの文章で消えてしまうような光景も心に残る。妻との思い出に身を沈めながら生きる老漁師ティリー、恋に破れ、貝塚島でひとりで暮らし、二二年前に亡くなった女性、ジョアンナのおもかげを語る場面も印象的だ。

別れの日が来た。ミセス・トッドは無口。見送らなくていいわよね、これからあれをしなくてはならないから、などといって姿を消す。気持ちを表すことができないのだ。「こんなふうに、わたしたちは自分の目の前で死ぬ。人生の章のいくつかが自然に終わるのを、わたしたちは目撃するのだ」。自然で、あたたかいものに包まれ、ぼくは思わず目を閉じた。

この小説は「聞き書き」形式をとる。「では、難破したのですか」というように、「わたし」は相手にたずね、確認する。対象に向き合うとき、どこまでも自分の筆の力を信じる、というわけではないのだ。この手法が人びとの内側をていねいに照らすことになる。こういう、さわやかな姿勢をもつ作者はいまは見かけない。人生をどのように見るか。そのときに人が立つところのもとになるような場所が示される。それがジュエットの世界だ。青年が求めるシラサギをついに見つけたのに秘密にする少女の話「シラサギ」、老女の知れざる冒険「ベッツィーの失踪」などもいい作品だが、「マーサの大事な人」（一八九七）の情景は特別だ。

ミス・ハリエットの屋敷の若きメイド、マーサは何につけ不器用。ボストンから遊びに来た、明るく無邪気なミス・ヘレナの笑顔に支えられる。ヘレナが去ったあともマーサは、彼女のことを片時も忘れない。ハリエットに届いた手紙から、ヘレナの人生の日々を想像する。単調で地味なマーサの生活。でも「マーサを教育したのは思い出だった」。

それから四〇年後、ヘレナがやってくる。ともに年老いた二人の再会までを描く。ほんのいっとき会っただけなのに、四〇年もその人を、その人の知らないほど深い地点で慕いつづけるマーサの姿は、ジュエットにしか描けないものかもしれない。文学の美しさをすべてそなえた作品集だ。

（河島弘美訳。二〇一九年、岩波文庫）

「幸福な王子」の幸福

ワイルド『幸福な王子／柘榴の家』

子どものとき、童話はあまり読まなかった。おとな向けの「日本文学全集」で、国木田独歩、田宮虎彦、中山義秀、高見順、井伏鱒二、三島由紀夫などの名作から読み始めたので、童話のことはよく知らないのだ。それでも教科書のなかに中西悟堂、椋鳩十などの作品があったので、興味をもったぼくは、この二人の動物ものを読んだりした。

新美南吉（一九一三―一九四三）の童話では、かなりおとなになってから、「ごん狐」を読み、とてもいい作品だと思った。でも新美南吉の作品では「手袋を買いに」のほうが好きだ。

子狐は、手袋を買いに行った。店に入ったら、光がまぶしくて、まちがえて、人間の手ではなく、自分の手を出してしまう。

〈「このお手々にちょうどいい手袋下さい」

すると帽子屋さんは、おやおやと思いました。狐の手です。狐の手が手袋をくれと言うのです。これはきっと木《こ》の葉《は》で買いに来たんだなと思いました。〉狐だとわかっても、店の人は手袋を渡した。よかった。人間って怖くないと思ったという子狐に、お母さん狐は、いう。「ほんとうに人間はいいものかしら。ほんとうに人間はいいものかしら」と、つぶやくのだ。この結びのことばもいい。心にひびく。

現代の童話は、どうか。いくつか読むことがあるが、あまりいいものがないようにぼくは思った。いかにも子どもがよろこびそうなことを書いたり、時流に合わせて趣向を凝らしたものなどもあってにぎやかだが、総じて、ことばが雑で、おのずと絵も雑。いいものは、なかなかないように思う。「ごん狐」や「手袋を買いに」などを読むと、いまの子どもは、「いいもの」を与えられているのかと感じる。「ほんとうに、いまの童話はいいものかしら」という気持ちになるのだ。

童話を書き写していて、気づくことがある。童話は子どものために書かれているので、わかりやすさが第一。漢字の比率、送り仮名、句読点の場所など、文章の景色がおとな向けの本とはちがうのである。「手袋を買いに」は、一九三三年（昭和八年）の作品。いまの子どもには読みとりにくいところもある。

たとえば、「町に始めて出て来た子狐にはそれらのものがいったい何であるか分らないのでした」は、現在なら、「町に初めて出てきた子ぎつねには、それらのものがいったい何であるか、わからないのでした」のほうがわかりやすいかもしれない。以前の童話は一つのセンテンスに切れ目があまりない。「手袋を買いに」を読むと当時の人たちが、どういう呼吸で文章を読んでいたかがわかる。童話を通して、日本語の歴史も見えてくるのだ。

　アイルランド・ダブリンに生まれた文豪オスカー・ワイルド（一八五四－一九〇〇）は、「ドリアン・グレイの肖像」「サロメ」など多くの傑作の他に、子どものための作品も書いた。『幸福な王子とその他の物語』（一八八八）に収められた「幸福な王子」は、世界じゅうの人が知る童話だ。このほどオスカー・ワイルドの童話集『幸福な王子／柘榴《ざくろ》の家』（光文社古典新訳文庫）が出た。小尾芙佐による新訳で「幸福な王子」と久しぶりに会うことができた。その書き出し。

「街から仰ぎ見るほどに高い石柱の上に聳《そび》え立っているのは、幸福な王子の像であった。」

　王子は、まずしい人、不幸な人のために自分の身につけたものを与えていく。一羽の燕に運んでもらうのだ。あの人に渡してほしい、今度はあの人にと希望を述べるとき、王子は、「燕よ、燕、かわいい燕よ」とまず、燕に呼びかける。

〈「燕よ、燕、かわいい燕よ」王子は申された。〉

いつものようなことばで、始めるのである。ところが最後のときには、そのことばのあとで、

〈「眼下の広場に」幸福な王子が申された。〉

と、「眼下の広場に」と述べ、そこで、一旦切るのだ。場所を告げるときだ。その呼吸が素晴らしいと思った。

王子は、語ることになれてきたので、ひと息いれたのではない。まだある、もうひとつだけあるという王子の切々たる気持ちが、ことばの呼吸から伝わる。そこにも童話「幸福な王子」の感動があるように思う。読むことの幸せもそこにある。

（小尾芙佐訳。二〇一七年、光文社古典新訳文庫）

岸辺の声

チェーホフ『子どもたち・曠野 他十篇』

チェーホフ（一八六〇－一九〇四）の『子どもたち・曠野 他十篇』（岩波文庫・二〇〇九）は、後期の作品一二編を収めた文庫の新刊。中編「曠野――ある旅の物語」（一八八八）は、南ロシアの大草原が舞台。幌馬車に揺られ、エゴールシカという、九歳くらいの男の子が旅をする。母親のすすめで、遠く離れた町の中学校にはいるためだ。

知り合いの神父、毛皮商人の伯父、御者がいっしょ。目的地までいっしょかと思ったら、あらあ、おとなたちは、二日目に荷馬車隊にエゴールシカを預けてしまう。こんなこともあるのだ。

でも最後の日、彼らは商売をすませて、少年の前にあらわれる。それから別れまでの短い時間に、神父と伯父が示すエゴールシカへの愛情は、世間並のものである。これを愛情というのかどうか。それくらい小さなものだが、そのときのようすは美しい。世間並のところに人のほんとうの世界があるのだから。

草原で生きる人たちとの、出会い。謎めいた人も出てくる。ワルラーモフ。彼は一日じゅう曠野にいる。馬で跳び回り、つかまらない。「ここをワルラーモフは通らなかったかね」「ここをきょうワルラーモフが通りましたか」などと、みんなはいう。大変な人物らしい。実際にその男を見たら、安物の服。みすぼらしい馬。エゴールシカの「眼」はとてもおどろく。おとなの世界と、ロシアの自然。どちらもひろびろとして神秘的だ。

「ヴェーロチカ」（一八八七）。いなかで暮らし、また都会へ戻る青年。別れの日、下宿先の娘ヴェーロチカはいう。あなたのことが好きだったと。青年は思う。恋を打ち明けるヴェーロチカの「喜びよう、悩みようは彼には甘ったるい、真剣でないものに思われた」。それまで感じられた彼女の美しさは、「真剣でないもの」によって消えていく。

「聖夜」（一八八六）。祝祭の日。夜、ゴルトワ川の岸で渡し舟を待つ。なかなか舟が来ない。ようやく来た。渡し綱をもって舟に立っていたのは、イエロニームという修道僧だった。「どうしてこんなに遅いんです」ときくと、「どうかお赦しください」といい、「ほかにはいませんか」と。他に乗る人はいないのですかという意味だ。イエロニームは、きょう亡くなった神父のことを話す。その人は讃美歌を書いていた。「深く見きわめる」人だったと。帰りの朝。岸辺に立ってみると、「ほかにはもういませんか」というイエロニームの声がきこえた……。

「ほかにはもういませんか」ということばは、余韻があるが、数多くの表現のなかから選ばれたとは思えない。ただの生活につながる、あるいはひとつの仕事だけにつながり、ずっとそのままのようすで交代もなしにつづく、そんな親しみのあることばだと思われる。いつまでも変わらないものだけが、チェーホフのそばにいた。

「学生」（一八九四）。通りかかった村。学生はその土地の二人の婦人と焚火にあたる。そういえばと、学生は、聖書のペテロの話をする。焚火の場面を。すると女性たちは悲しむ。悲しみを、あらわにする。彼はおどろく。一九〇〇年も昔のことが、いま、ここと、つながっている。過去と現在は、結ばれている。「たった今その鎖の両端を見たのだ」。人間生活を導く「真理と美」。学生は、はじめて、生きること、学ぶことの意義にめざめるのだ。読む人の心も変える、光にみちた名作だ。このような小説があるために、人は生きていくのだ。そんな気持ちになる。

　チェーホフの小説の、簡素なつくりに、あらためておどろく。いい小説は、いまも力をこめて、いっぱい書かれているが、それらとはちがう。人を感動させるためにチェーホフは書いた、とは思えない。チェーホフのなかで彼ひとりを激しくまきこむようにして感じられ、考えられたことが、そのままの、その時のままの姿と、静けさで、眼の前にあらわれる。その「真理と美」を、文芸上の奇跡を、読者はチェーホフの小説で知るのだ。岸辺に立ったら会えるかもしれない。その人に、また会える。そう思いながらぼくもチェーホフを読む。

（松下裕訳。二〇〇九年、岩波文庫）

月のように照らす

『月を見つけたチャウラ――ピランデッロ短篇集』

シチリア生まれのノーベル賞作家ルイジ・ピランデッロ（一八六七―一九三六）は「作者を探す六人の登場人物」「ヘンリー四世」などの戯曲作品で世界的名声を得たが、本来は小説家。「生きていたパスカル」「ひとりは誰でもなく、また十万人」などの長編の他に、二五〇ほどの短編を書いている。『一年分の物語』と題し、三六五編を目標とした。『月を見つけたチャウラ』（光文社古典新訳文庫）には、『一年分の物語』のなかの一五編が収められている。どの作品も、これまで人目にふれることのない心の世界を照らす。そこにピランデッロの小説の「ドラマ」がある。

冒頭の「月を見つけたチャウラ」（一九一二）。鉱山ではたらく老人にくっついている、見習いのチャウラ。採掘場の暗闇は怖くないのに、地上へ出たときの、夜の闇を怖れる。そんな彼はある日、月の光を知る。

〈夜中、こんなふうに地中の子宮口から這い出したいまになってはじめて、チャウラは「月」というものを見つけたのだ。〉

老人のようすから離れて、いつのまにかチャウラに、そして月の光へ。鮮やかな首尾だ。

「ミッツァロのカラス」（一九〇二）。羊飼いが、カラスの首に小さな青銅の鐘をつける。「楽しく暮らせよ」。カラスは「リン、リンリン、リン、リンリン……」と空を飛ぶ。事情を知らない農夫たちは、「どこから聞こえてくるんだろう」とあたりを見回すことに。こちらも、「どこから聞こえてくるんだろう」と、この物語そのものをうけとめる。そんな係わりになる。

社会で成功した男の告白、「手押し車」（一九一五）。いまの人生ではなく、「わたしのものとなり得たかもしれない人生」の実現を、彼は願う。「それは生じなかった人生なのだ。その人生においてこそ、わたしの精神はようやく、すべて完全な形で、欠けることなく、自身の姿を見いだせるはずなのだ」。

というわけで、彼がしたことは何か。老いた雌犬の「二本の後ろ足を優しくそっとつかみ、手押し車のように歩かせる」という、「それだけのこと」。犬のほうも（なんだろうね、これ）という眼つき。思考と行為のコントラスト。おもしろい。

「使徒書簡朗誦係」（一九一一）は、集中の白眉。これもふしぎな結末をもつ。信仰を失ったあと、一本の草を愛する男、トンマシーノが登場。

「毎日、一時間から二時間、トンマシーノはその草の命を慈しみ、肌で感じながら、草と一緒に風のごくかすかな動きに身をまかせて揺れていた。」

ある女性がその草を折り、口にくわえたとき、心を引きちぎられた彼は、思わず「バカヤロー!」と叫ぶ。彼は、一本の草のために生きるのだ。それは他の人に理解できない。他の人にはわからないところ。そこに、いいものがあるのだ。

登場人物には、悩みごとが多い。みずからの人生において、居心地のよくない人たちだ。その滞る心を、ひとつひとつ解き放つ。そこに人間への深い考察がみてとれる。一本に書かれる世界だけが真実であり、それ以外の〈現実〉を認めない「紙の世界」（一九〇九）、人の世話にならずに、墓場まで自分の力で行進する「自力で」（一九一三）も強烈な印象を放つ。この二編のことがらも、いま、百年後の人の心のなかに持ち越されているのではなかろうか。後世を月のように照らす。そんな作品をルイジ・ピランデッロは書いていた。

（関口英子訳。二〇一二年、光文社古典新訳文庫）

ゴーリキーの少女

『二十六人の男と一人の女――ゴーリキー傑作選』

『二十六人の男と一人の女――ゴーリキー傑作選』（光文社古典新訳文庫）は、戯曲「どん底」で知られるロシアの文豪マクシム・ゴーリキー（一八六八―一九三六）の初期・中期の代表的短編を収める新訳。人生の転変と、奥底に流れるものを照らす。

ゴーリキーは、ヴォルガ河中流の都市ニジニー・ノヴゴロドの生まれ。早くに両親を亡くし、貧困のため小学校を一年で退学。一一歳から二〇代初めまでロシア各地を放浪。皿洗い、パン焼き職人、汽船の見習いコック、絵師の弟子などをして帝政ロシア下層社会の生活を体験した。本書の四編は、その経験と見聞にもとづく。

一八九九年発表の「二十六人の男と一人の女」（副題「ポエム」）は、カザン市でパン職人をした体験による。半地下の部屋で一日一六時間も働く二六人の男たち。同じ建物にいる小間使いの一六歳の少女ターニャが「囚人さんたち、巻パンちゃんをちょうだい！」と声をかける。荒くれ男たちは、可憐な少女に親しみを感じ、慕うようになる。

ある日兵士あがりの男が来て、彼女は二週間で落とせるという。男たちは、彼女なら持ちこたえるだろうと思うが、期日が近づくと不安に。「俺たちとターニャの関係には、これまでとは違う、新しい何かが忍び込んでいた。それは好奇心だった。鋼《はがね》の刃《やいば》のように鋭く、冷たい好奇心だった」。わあ、どうなるのか。

その日も、ふだんどおり彼女は現れる。「皆、どんぐりまなこで彼女を見ていたが、何を話せば良いのか、わからなかったのだ。俺たちはターニャの前に、黙りこくった暗い群れとなって突っ立っていた」。どんぐりまなこは久しぶりに見たことばなので、ぼくは楽しい気持ちになった。この部分、従来の訳はどうか。和久利誓一訳（一九六一）「じっと彼女をみつめるばかりで」、上田進・横田瑞穂訳（一九六六）「穴のあくほど見つめながら」、木村彰一訳（一九六六）「目を皿のようにして」、湯浅芳子訳（一九七三）「全身を眼にして」。いずれもこれまでの世界文学全集などに収録。こうして異なる訳で「見る」と、さらに情景は近づく。人はどんなときも、誰かを愛することなく生きることはできない。でも相手のことをためしたり、傷つけてみたくなる。そうしたところもかかえて生きる人の世界をユーモラスに、真剣に書きつづった傑作だ。

「チェルカッシ」（一八九五）は、「ふしあわせで、あちこちうろついている」流浪の人たちの話。泥棒のチェルカッシは、港で、出稼ぎの青年ガヴリーラと出会う。青年は金にとことん執着するが、チェルカッシはそこまで欲にまみれない分、「自分が自由であるという意識に満たされていた」。一見区別のない二人をゴーリキーは少しずつ引き離す。絢爛ともいえる風景描写をおりまぜながら、二つとないそれぞれの人生を描き分ける。

「女」（一九一三）も、各地をさまよう若い女性の肖像。「別に何も探してはいない。人がどうやって生きているのか、ただ見ているだけさ」。深い空虚に包まれながら懸命に自分の人生をさがし求める多くの人影が、情熱的な文章で鮮やかに表示される。必要とされない人生の屈折をたどった「グービン」（一九一二）の姿も心に残る。人間はそのときどきに感情をもち、さまざまな心の動きを経験する。それを可能な限り立体的に描いていく。それがゴーリキーの世界なのだ。

社会主義リアリズムの始祖、プロレタリア文学の父といわれるマクシム・ゴーリキーの作品は、前記の翻訳年度でもわかるように、そのあとは新時代の陰に隠れたかにみえる。だが行き届いた人間観察、弾けるような会話から生まれる、ゆたかな世界は格別だ。たとえ深刻な事態に直面しても、作品を書く楽しさを忘れてはいない。それがゴーリキーの文学のとてもすてきなところだ。

（中村唯史訳。二〇一九年、光文社古典新訳文庫）

荷車の丘の道

ホーフマンスタール『チャンドス卿の手紙／アンドレアス』

著名な文人が、文学活動を完全にやめることを報告する。それが「チャンドス卿の手紙」だ。四〇〇字詰原稿用紙で三〇枚ほどのこの散文は、文章を書く人の大多数に直接かかわる問題を早々と提起した。

『チャンドス卿の手紙／アンドレアス』（丘沢静也訳・光文社古典新訳文庫）は、オーストリアの文豪、フーゴー・フォン・ホーフマンスタール（一八七四―一九二九）の代表作五編の新訳だ。表題作「チャンドス卿の手紙」（原題「手紙」）の翻訳は『フーゴー・フォン・ホーフマンスタール選集』第三巻（河出書房新社・一九七二）の富士川英郎訳、岩波文庫『チャンドス卿の手紙 他十篇』（一九九一）の檜山哲彦訳、岩波文庫『ホフマンスタール詩集』（二〇〇九）所収の川村二郎訳などにつづくもの。

ホーフマンスタール（ホフマンスタールとも記す）は、オーストリア＝ハンガリー帝国の首都ウィーンの生まれ。一五歳でホメロス、ダンテなどを原語で読みこなす。一六歳から詩作、「早春」「体験」などきわめて完成度の高い傑作を書く。一九歳で詩劇「痴人と死」（森鷗外が翻訳）。早熟の文才を謳われ、文壇の寵児に。本書収録の小説「第六七二夜のメールヘン」「騎兵物語」など三編は二〇代。詩、韻文劇、小説に大きな才能を示したが、一九〇二年、二八歳のとき「チャンドス卿の手紙」を書いて、詩と小説の筆を折り、劇作の道を歩む。舞台を通して社会との関わりを深め、歌劇台本「ばらの騎士」、悲劇「塔」など多くの名作を残した。

　転換点となった「チャンドス卿の手紙」は、一六〇三年、イギリスの文人貴族フィリップ・チャンドス卿（架空の人物・二六歳）が、年長の友人である哲学者フランシス・ベーコン（一五六一―一六二六）にあてた返書だ。

　チャンドス卿はいう。『新説パリス』『ダプネーの夢』『祝婚歌』（彼はこれらの作品で名声を得たらしい）を書いた自分は、もういない。これまでと現在の間に奈落があり、橋が架からない。精神、魂、身体といった語をつかうのも苦手。「判断を表明するためには、当然のことながら舌にのせざるをえない抽象的な言葉が、私の口のなかで腐ったキノコのようにぼろぼろと壊れたのです」。四歳になる娘を叱ったとき、「いつも本当のことを言わなければならないよ、と諭そうとしたのですが、そのとき私の口のなかに押し寄せてきた概念たちが、突然、玉虫色に光りはじめて入り乱れ、区別がつかなくなった」。「私にはもう、ものごとを単純化する習慣の目で見ることができなくなってしまった」と。

だが、それでも、感動はあるという。「取るに足りない被造物や、犬や、ネズミや、カブトムシや、発育不良のリンゴの木や、くねくね曲がっている丘の荷車の道や、コケの生えた石のほうが」、「あふれんばかりの愛をもって私の目の前で私に迫ってくる」ので、そうしたものをこそ表現したい。でも英語でもラテン語でも書けない。他の言語も同じ。その単語を一つも知らなくても「ものを言わない事物が私に話しかけてくる」、そういう言語でならこの先何かをすることができるかもしれないと述べて、手紙は終わる。

一九〇二年の時点で、ことばへの不信、文学の危機、詩文の限界を表示した「チャンドス卿の手紙」は、二〇世紀文学の原点として広く知られることになる。だが青年の成長史を描く未完の長編小説「アンドレアス」が後年書きつがれたことを思えば、「チャンドス卿の手紙」の意義は一つではない。

この小品の流れるようなことばの美しさは格別だ。書けないということをとても的確に、鮮やかに描き出しているからだ。書くことで見えることではなく書かないことで見えることへと視界を切りかえ、重心を移すことで文章活動の確認を行った、あるいは、来たるべきものに向けて自分を引き締めた。そういう作品としてとらえるほうが自然かもしれない。

現代は読む人は稀少で、書く人ばかりになった。ほんとうに自分は書いていいのか。安易にこんなことをしていてよいのか。何かの判断が必要ではないか。そろそろフランシス・ベーコンに手紙を出さなくてはいけないのではないか。十分に思いをめぐらすためにも、「チャンドス卿の手紙」は、今日も重要な作品だろう。その場合でも、さほど深刻になる必要はない。「チャンドス卿の手紙」のなかを漂う、小さいもの、ひよわなものに向けるやわらかな愛情や、文章の明るさも、この作品の魅力なのだ。今回の新訳も含めて、何度読んでも色あせないのはそのためだろう。

本書からは離れるが、ホーフマンスタールには「道と出会い」（一九〇七・前記『選集』第二巻）という、未知の宝石のような輝きを放つ作品がある。「抱擁」よりも「出会い」のほうに人間のゆたかな可能性がひめられていることを、起伏の美しい、すばらしい文章でつづったものだ。また、一〇代後半から始められた文芸批評も、古典から同時代まで広範囲に及ぶ、すぐれたものばかりだ。「チャンドス卿の手紙」は、全体の活動の一つの道標として見るべきものなのだろう。ホーフマンスタールはこのときだけ、立ち止まった。手紙を書いた。

（丘沢静也訳。二〇一八年、光文社古典新訳文庫）

芸術の人生

トーマス・マン『トーニオ・クレーガー 他一篇』

昭和期の日本人に読まれた、外国の名作。その代表的なものといえば、トーマス・マン（一八七五―一九五五）の「トーニオ・クレーガー」（一九〇三）だろう。このほど『トーニオ・クレーガー 他一篇』（河出文庫・二〇一一）が出た。平野卿子による新訳だ。トーマス・マンは「世界第一の作家だと思う」とは自決半年前の三島由紀夫のことばだが、とくに「トーニオ・クレーガー」は世界じゅうで読まれている。愛されている。

一四歳のトーニオは、詩や音楽を愛する、孤独な子ども。仲良しのハンスは、健康的で美しい少年。トーニオはハンスにいう。「ドン・カルロス」という本、おもしろいよ。でもハンスは本を読まない人だ。というわけで、トーニオは、「ハンスのためにたびたび苦しんできた」。でも、ハンスのことが大好き。

〈陽気で強く、みんなが好きな、そして誰よりもぼくがいちばん好きな、そんなハンスでいてもらいたい。だけど、ハンスが『ドン・カルロス』を読んだって別に悪いことはないよな……。ずんぐりした古い市門を通り抜けて、トーニオは河港に沿って歩いていった。〉

芸術と、人生。どちらを選ぶか。「人生を愛する者は創造などできない」。でも「ぼくは人生を愛している」……。「二つの世界」で揺れるトーニオ。そのあと、芸術の人生を選んで名を成すが、心はみたされない。ある日、三〇歳を少し過ぎた、同世代のロシア人女性画家リザヴェータ（実吉捷郎によると、ゴンチャロフ「平凡物語」の女性の名に由来）のところへ行き、胸のうちを語る。「人間になってしまったら、……芸術家はおしまいだ」と。いっぽうで「ごく普通であるという幸せに対するひそやかな、けれども身を焦がすような憧憬を知らない人間はとうてい芸術家とはいえない」とも。人生と芸術の対立は、いまもトーニオを苦しめるのだ。だから、話は長くなるのだ。「まるでハムレットのように」。その長い話をきいていたリザヴェータの反応は、意外なものだった。

「いまそこに座ってるあなたはね、なんのことはない、要するに〈普通の人〉だってこと」「迷子になった普通の人なのよ」

ああだこうだと、もがき苦しむのは、芸術家だからではない。あなたが「普通の人」だからなのよと、片づけられたのである。トーニオも読者も、びっくりの名場面だ。

ドイツ語「ビュルガァ」を、平野氏は「普通の人」と訳した。これまでの訳語は「普通の人」ではないようだ。ぼくのてもとにあるものを見ると、一九二七年の最初の邦訳「トニオ・クレエゲル」（実吉捷郎訳、現在、岩波文庫・一九五二）と高橋義孝訳（今日社・一九四九、新潮文庫・一九六七）及び福田宏年訳（中央公論社『世界の文学35』一九六五）の「トニオ・クレーゲル」は「俗人」。佐藤晃一訳（河出書房新社『世界文学全集32』一九六三、集英社『世界文学全集20』一九六六）の「トーニオ・クレーガー」と野島正城訳（講談社『世界文学全集28』一九六八、講談社文庫・一九七一）の「トニオ・クレーガー」は「市民」。まとめると以下のようになる。佐藤、福田、野島訳の文学全集収録のものは、その訳の最初の刊行とみなして組みいれた。〔付記／このあと刊行された浅井晶子訳『トニオ・クレーガー』（光文社古典新訳文庫・二〇一八）を追加する。〕

俗人	実吉捷郎訳	一九二七年
俗人	高橋義孝訳	一九四九年
市民	佐藤晃一訳	一九六三年
俗人	福田宏年訳	一九六五年
市民	野島正城訳	一九六八年
普通の人	平野卿子訳	二〇一一年
一般人	浅井晶子訳	二〇一八年

「俗人」のほうが、「芸術家」との区別がつき、印象はきびしい。でもいまは「普通の人」としたほうが「普通の人」にも伝わるのかも。

芸術か人生か、という永遠のテーマ。現代は生活優先、「芸術の人」でなく「人生の人」だけで世界が構成されているようだ。たとえば、妙な言い方になるが、最近なににつけ少し無理をする人がいなくなった。ものごとにそそぐ力が一定なので、新しい人間の力がめばえない。見えてこない。もう少し深く見つめよう、もうしばらくここにとどまろうというように、限度をこえるところに、芸術の起点、出発点があるようにぼくは思う。人生以外の範囲をもつことは悪いことではない。それが芸術かどうかはともかく、時代に否定されるものひとつもてないことが、いいのかどうか、考えておくのもだいじ。

トーマス・マンの作品は、光のようなことばの集まりだと思う。子ども時代を人間形成の原点とする観点も、他で知るより、これを読むことで、とてもはっきり見える。心のなかのできごとの、すべてが照らされて浮き上がる。文学の表現力がこれほど鮮やかに発揮される光景はない。いまはない。

ことばは、ときにこれまで見たこともないほどの、やわらかさで打ちよせる。物語がかなり進行したあと、再びハンスや、好きだった女の子のことを思い出すくだり。

「ぼくが仕事をしたのはほかでもない、君たちのためだったのだから。だから、どこからかぼくを讃える声がすると、いつもひそかにあたりを見まわしたものだ……君たちもそこにいるだろうかと……」

トーニオが船から海を見ているときのようすも、心に残る。

「完成しなかった。きちんとした形のものを、何かまとまりのあるものを落ち着いて作り上げることはできなかった。このとき、トーニオの心は生きていた……」

心が暗いときも、ことばが沈むことはない。「心は生きていた」とつづる。つらく苦しい場面でも景色の全体を見つめ、要点を整理し、確実に世界を表わしていく。同じことを少し異なる表現で反復し、率直に記すようすも感動的。この作品の美しさは尽きない。読んだばかりでも、また読みたくなるのは、この小説のことばと、そこに示される真理に、何度でもさわりたいためだ。ずっとふれていたいのだ。こうして読者の内側に新しい読者が、無数に現れることになる。人は、人生なのか、芸術なのか。それはそれとして、この作品をもとに新しい気持ちになれるとしたらすてきなことだ。

というわけで、この小説の「芸術」は完成した。すでにみんなのものになったのだと思う。でもトーニオはいまも、どこかの道を歩いているはず。

（平野卿子訳。二〇一一年、河出文庫）

壊す人

『傍迷惑な人々――サーバー短篇集』

ユーモアということばがあるが、小説などを読んでも、ぼくはユーモアの気配があるところでなかなか笑えない。たとえば夏目漱石の、名作とされる「吾輩は猫である」は読んでも、おもしろく感じない。つくられたものという感じ。わざとらしくて、すなおになれないのである。漱石の作品では「草枕」のほうがおかしい。ユーモアそのものではないが、ふとしたところでにっこりする。そんなわけでユーモア小説の名手などとあると、きっとまた笑えないのだろうと、尻込みしてしまうのだ。ぼくの心が狭いのだと思う。

それでも、世の中にはおかしな作品があるもので、ジェイムズ・サーバー（一八九四―一九六一）の短編を集めた『傍《はた》迷惑な人々――サーバー短篇集』（光文社古典新訳文庫）は、その代表的なものかもしれない。

サーバーは、アメリカ・オハイオ州コロンバス生まれ。漫画、イラストで知られたが、独特な短編も書いた。アメリカ映画「虹を摑む男」の原作者だ。サーバーの小説は以前、アメリカ文学の選集に数編収録されたくらいで、日本ではあまり知られていない。

　本邦初訳の「なんでも壊す男」から、読むことにした。小説というよりエッセイのような感じの作品である。自分のことを、すなおに書いているのだ。

「ぼくは生まれつき、道具というものとどうも相性がよくない」そうだ。でも、「さすがにタイプライターのインクリボンを取り替えることだけは、かろうじてできる。といってもその技術を習得するには二十二年の歳月を要したし、今でもときどき、もつれたリボンをほどくのに友人や隣人の手を借りなくてはならなくなる」。車を走らせることはできるが、「ただ、何がどうなってそういうことになるのか、それがわからない」。ぼくも。

　最新式のソーダ・サイフォンを、クリスマスの贈り物としてもらった。取扱説明書を読むと、「最初から三番めまでは単純でしごくわかりやすかった。ところが、四番めから俄然、うさんくさくなった。こんなことが書いてあったのだ。――《スーパー・チャージャーを所定のポジションにセットします。細いほうが外側を向くようにしてください（図C参照）。セットしたら、チャージ・ホルダーのキャップをもとどおりに締めなおします。その際に、無理やり力任せに締めないようお気をつけください》」

　サーバーは、いう。「説明書を書いた人は知らないだろうけれど、ぼくがまず最初に試してみるのは力なのだ。〝知恵の輪〟をはずすときにも、オリーヴの瓶詰めの蓋を開けるときも、そのほかどんなときにも、まずは力任せにやってみるのである」。機械をはじめ、新しい物になじめない人は、この一節だけでも共感するはず。ぼくもまたサーバーさんと同様に、まずは「力任せ」で始めるのだから、あまりの共感で胸がつまりそうである。「力任せ」の結果、「屋根裏部屋には、そんな一方的な格闘でぼくに骨をへし折られた物たちが死屍累々と積みあげられている」。

ぼくは、この「なんでも壊す男」を読みながら、久しぶりに笑いころげてしまった。いまの新しい世代の人たちのなかには、こんななさけない人はいない。説明書で七転八倒する人などいないはず。でもいずれその人たちがもっともっと新しいものに襲われたとき、同じドラマが起きないとはかぎらない。サーバーの短編は、社会のしくみや機械のしくみや取扱説明書のしくみに文句をいっているのに、不思議とのどかな、楽しい気持ちにさせる。生きていることも、いつもよりうれしく感じられる。そんな空気になる。それは、こまったことや、まごついたことについても、サーバーは実は「力任せ」ではなく、すなおに正直に、順を追って書いているからだろう。いま自分は何をしているのか。それをいつも見つめる。そこから心地よい、待望のユーモアが生まれるのだ。

（芹澤恵訳。二〇一二年、光文社古典新訳文庫）

光のなかでリーナは思う

フォークナー『八月の光』

絶望。貧困。憎悪。差別。孤独。追放。殺傷。登場する人たちのできごとはとても暗い。でもそこには人の心から生まれる明るい光も見えてくるのだ。

二〇世紀アメリカの文豪、ウィリアム・フォークナー（一八九七—一九六二）の「八月の光」は一九三二年、三五歳のときの作品。新潮文庫（加島祥造訳・一九六七）、岩波文庫（諏訪部浩一訳・二〇一六）などにつづく黒原敏行訳『八月の光』（光文社古典新訳文庫・二〇一八）は、話しことばなどの細部でも工夫をこらす新訳だ。

田舎娘リーナ・グローヴの一人旅から、物語は始まる。

「道ばたに坐り込み、馬車が坂道を登って近づいてくるのを見ながら、リーナは思う。」

ではリーナは、何を思ったのか。『あたしはアラバマからやってきた。遠くまで来たものね』（注・内的独白）と思ったらしいのだ。臨月の身で、おなかの子の父親を追って南部ミシシッピ州の小さな町にたどりつく。それから一〇日間ほどのできごとを、夏の光が照らしていく。

ブラウンと名を変えてリーナから逃げる男バーチ。自分が白人なのか黒人なのか不明のまま苦悶し、人を殺し、殺される青年クリスマス。リーナにひとめぼれし、彼女に寄りそう中年の男バイロン。南北戦争で活躍した祖父の姿に魅せられ、いまは教会からも世間からも追放された元牧師ハイタワー。多様な闇を抱える人たちの、過去と現在を行き来して物語は進む。各自の内部を交互に徹底的に書く。終始、緊迫感が漂う。

この作品から見えるのは人間をどのように見つめるかということだ。社会的関心ではない。どこまでも人間的視点で見つづけていくことなのだと思う。そこにこの作品の「夢」がある。努力がある。一つは「見る」ことへの見方だ。馬車の御者アームスティッドとリーナ。「どうやらアームスティッドはまだ一度もまともに女を見ていないようだ」。見なくても相手を知り、話すことはできるが、フォークナーは「見る」ことに目を合わせる。同様の場面は、要所で出てくる。リーナとバイロンのところ。「リーナは、将来を心配するというより現在に対して疑念を抱くような例の表情でバイロンを見る。それから息を吐く」。自然な所作とはいえ、こうした面をとらえるのは特別な視点だ。ここでしか見られないものが、いくつも置かれているのだ。

さて、「卵を入れた籠を持ち歩くみたいにして生きていく」、もっとも暗い登場人物クリスマスと、「遠くまで来たものね」の、もっとも健康的で明るい登場人物リーナは結局、この作品のなかで「会う」ことはない。別個に生き、同じ時間のなかを通っていくだけだが、それが現実の人のかかわりである。さらにこんなところもある。

元牧師ハイタワーと会っているとき、他の人のこととといっしょにされてしまうという話になる。そのときリーナは、いう。「あたし、ごっちゃになりたくないんです」。これもいい。たしかに人は他の人には見えない道、ただ一つのところを歩いていくだけなのだ。

「八月の光」はすべての人が結びつかないこともある世界の深さを見通す。奥底まで澄み切った小説だ。その点でもみごとな、比べるもののない作品である。

「八月の光」、最後の場面。生まれた子を連れて旅をつづけるリーナは、いう。「まあまあ、人間ってほんとにあちこち行けるものなのね。アラバマを出てまだふた月なのに、もうテネシーだなんて」と。自分の人生の内容にはふれない、心の声も光を放つ。「八月の光」はいくつもの闇と、光を照らす。

（黒原敏行訳。二〇一八年、光文社古典新訳文庫）

話しながら

スタインベック『ハツカネズミと人間』

スタインベック（一九〇二―一九六八）の「ハツカネズミと人間」（一九三七）をはじめて読んだ。以下引用は、大浦暁生訳・新潮文庫『ハツカネズミと人間』より。題はスコットランドの国民的詩人、ロバート・バーンズの詩「ハツカネズミに」の一節「ハツカネズミと人間の　このうえもなき企ても／やがてのちには　狂いゆき／あとに残るはただ単に　悲しみそして苦しみで／約束のよろこび　消えはてぬ」にちなむものだが、「ハツカネズミと人間」はその詩が示すように、悲しい人の思いを描くものだった。

カリフォルニアの農場を転々とする男、二人。ジョージはなかなか抜け目のない男で、体は小さい。いっぽうのレニーは、体は大きく力もあるが、何をするのも、のろのろ。レニーを子どものときに引き取ったクララおばさんが死んでからというもの、ジョージがレニーの世話をしてきた。ジョージもレニーなしでは生きていけない。

大きな子どもみたいなレニーは、あちらこちらの農場でへまをして、何もかもぶっこわしてしまう。あーあ、おまえがいなかったら、おれも気楽に生きていけるのにと、ジョージは嘆く。でもそれでいて、レニーを見放すことはないジョージなのだ。彼らは仲良しの子どもどうしのように、くっついている。

レニーはいつもハツカネズミを握っている。すべすべして、ちいちゃくて、かわいい動物に目がない。それにさわっているのが好き。いきがい。

〈「歩きながら、指でかわいがってやれるんだよ」

「じゃ、おれと歩くときは、ネズミなんかかわいがるな。おめえ、いまどこへ行くところか覚えてるか？」

レニーはびっくりした顔をして、困ったように顔をひざの上に伏せた。「また忘れちまった」〉

なんでも忘れてしまうレニー。こまった顔のジョージ。そんな二人のようすが、小説の前半をうめつくす。ほのぼのとした彼らの関係を、いくつかの場面を通してたしかめたぼくは、この件はもう十分だとも思えてきた。このまま漫才のような対話をずっとつづけていくのだろうか。でもこの小説は少しずつ何ものかになっていくのだった。それはこんなところからはじまったようにぼくには思えた。

仲間のひとりが、いうのだ。おまえさんたち二人はほんとうに働くつもりで、この農場へ来たんだなと。からかい半分に来たやつらは、土曜の昼過ぎに来て、働いたあとごはんを食べて、日曜の三食もたいらげ、月曜は朝めしを食べて、仕事もせずに逃げてしまう。でも、「おまえさんたちは金曜の昼に仕事に来た」。それでわかる、と。

そうなのだ。ジョージとレニーの二人には、夢があるのだ。まじめに働いて、お金をため、小さな土地を手に入れ、その土地でいちばんおいしいものを食べ、ウサギを飼って暮らすという、とほうもない夢なのだ。ジョージは、自分たちが、他の仲間たちとはちがうんだ、ということをレニーにいいきかせているうちに、そのことばは定まり、まるでひとつの歌のようになってしまった。レニーは自分たちの話を何遍でも聞いてみたいらしく、ジョージよ、「おらたちのこと、話してくれ」と、せがむ。

〈「おめえ、どうして自分で話さねえんだ？　何から何まで知ってるじゃねえか」
「だめだめ……おめえが話してくれ。おらが話すと同じにならねえ。続けろや……ジョージ」〉

ジョージは何度でも、その話をする。「おらたち」は、ほかのやつらとちがうんだ、小さな土地をもち、土地でとれるいちばんいいものを食べて、すてきな暮らしをする、そして……と。それを聞くレニーはうれしそう。同じ話なのに（そのたびに少しだけちがうけれど）、何度聞いてもうれしい。「おらたちの話」は、うれしいのだ。そこには夢があるから。いつもの二人の夢だから。

　レニーはハツカネズミや子犬を指でかわいがるのだが、ちょっと噛まれたりすると、いじめようというつもりもないのに力が入り、それら小さな生き物を手の中で殺してしまうくせがある。ある日、若い人妻と話している最中に、同じような手続きで（？）彼女が死んでしまい、夫カーリーらはレニーをつかまえて殺すことに決める。レニーの身の危険を知ったジョージは、銃をもって、いちはやくレニーのもとにやってきて……。

　小説は、ここで、悲しい結末を迎えることになる。

　レニーは川のそばの空き地にいた。ひとりで自分のしたことを考えていた。ジョージが現れると、いつものように、あの話をしてくれ、「おらたちの話」をしてくれと、ねだる。ジョージは、身をかたくしながらも、いつものように話しはじめる。

〈「おれたちみてえなやつらは、家族もねえ、小金《こがね》をかせいじゃ、きれいさっぱり使ってしまう。どなりつけて気にかけてくれる仲間さえ、この世の中にだれひとりいねえ――」

「だけど、おらたちゃそんなじゃねえ」レニーがしあわせそうに叫ぶ。「さあ、おらたちのこと、話してくれ」

　ジョージはしばらく黙ってから、「だけど、おれたちはそんなじゃねえ」

「だって——」

「おらにはおめえがついている。おらたちゃ、そうさ、たがいに話しあい世話をしあう友だちどうしなのさ」レニーは勝ち誇ったような叫びをあげた。〉

こうして普段どおり二人は最後のひとときを過ごす。彼らはいっしょ。こんなときになっても、いっしょだ。そしてレニーは自分で気づかないうちに死んでいく。レニーを愛する、ジョージの手によって。二人の夢のような、楽しい話のなかにいまも浮かびながら。手にとらえられた、小さな生き物がしぼむように……。

この場面は、苦しい。読むに苦しいものとして、ぼくを一晩も二晩もとらえた。数日過ぎたいまもそれは変わらない。ぼくはどうしたらよいのだろう。そう思ってもみたされないほどに、この傑作は心のなかを吹き荒れた。

この作品には特徴がある。作者は「ジョージはしばらく黙ってから」「レニーは真剣な目で相手を見た」「ジョージは言葉を切った」「ふたたび言葉を切る」といった会話のつなぎめを示すことばに細心の注意を払う。話のなかみより、その話がどのような順序で人の口から出て、相手の心におさまるか、ひろわれるかを、作者がとてもだいじに考えていることがわかる。

人間の話を書くものとして、人間のことばを思うものとして、心が尽くされているのだ。それがこの作者の、人間の悲しみに対する抵抗の、たたかいのあとだと思われる。農場の片隅で孤独な生活を送る、黒人クルックスは述べる。「一人の男が別の男に話をしていて、相手が聞いていまいが理解していまいが違いはねえ」「どんな話でもかまわねえ。ただ話をしているだけで、相手といっしょにいるだけでいい」、それだけあれば十分なのだと、クルックスは話し相手のないみずからのさびしさをにじませて語る。レニーといつも話をすることができたジョージは、孤独ではなかった。レニーは死んだが、話しながら死んだのだ。それを悲しいだけのことだとみることはできない。二人はいまも話していることだろう。「おらたちの話」を。

（大浦暁生訳。一九九四年、二〇一六年改版、新潮文庫）

美しい人たちの町

サローヤン『ヒューマン・コメディ』

ウィリアム・サローヤン（一九〇八―一九八一）の『ヒューマン・コメディ』（光文社古典新訳文庫）は、おとなも子どもも楽しむことができる。なに一つむずかしいところはないのに強い輝きを放つ。世界文学屈指の名編だ。

サローヤンは、アメリカ・カリフォルニア州フレズノに生まれた。アルメニア系移民二世。三歳のとき父を亡くし、数年間は、兄姉とともにオークランドの児童養護施設に。新聞の売り子や電報配達人を経て、創作の道へ。ユーモラスで独特の魅力をもつ作品は、世界の注目を浴びる。代表作「ヒューマン・コメディ」（一九四三）は、作家・小島信夫訳『人間喜劇』（研究社・一九五七、晶文社・一九七七）、関汀子訳『ヒューマン・コメディ』（ちくま文庫・一九九三）などで広く読まれた。今回は一層やわらかみのある新訳だ。

カリフォルニアのイサカ（架空の地名）の、マコーリー家の人たちが、互いに支えあいながら、第二次大戦下の日々を過ごす。主人公ホーマーは、一四歳。父は、二年前に死亡。兄マーカスは、戦地に。母親と、子どもたちで家を守る。姉のベスはピアノを奏でる。みんな歌が好きだ。

まず登場するのが、弟のユリシーズ、四歳。汽車に乗っている人たちに手を振るが、一人の黒人だけが手を振って応えてくれた。「故郷に帰るんだよ。自分の場所に！」といいながら。それが幼い心にこだまする。

〈ふと、笑顔が浮かぶ。マコーリー家の笑顔だ。やさしく、賢く、つつましく、あらゆるものに「こんにちは」と呼びかける微笑《ほほえ》みだ。〉

ユリシーズは、見るのが好き。いつも見るのにちょうどいいところにいる。ある日、新式の罠を説明中のおとなの輪のなかの、ちょうどいいところにいたら、あやまって罠にかかり、おとなたちに救い出される。

ホーマーは学校に行きながら、家計の助けに、自転車で電報配達。局長スパングラー、電信士グローガンも少年を励ます。みな心の優しい人たちだ。つらいのは、戦死を知らせる電報を、その家族に届けるとき。受け取る人たちの気持ちを思い、人間とは何だろうと、悩み、苦しむ。そんなホーマーの姿をおとなたちはきちんと見つめる。

家族のようす、町の人との交流が、断章風に描かれる。誰もがどこかでかかわる。いくつもの物語が生まれる。

店にはない、レーズン入りクッキーを買いに来た客。そのときの食料品店主アラのことばも心に残る。この作品の人たちは、すべていい人だ。研究社版（前記）の栞には、「心美しい登場人物」と題し、二一人の一覧表。みんな「心美しい」。その通りかもしれない。兄マーカスの戦友トビーは、戦地でマーカスの話を聞くうちに、見たこともないイサカの町と、一家のことを好きになる。「イサカはぼくの故郷だ。そこでぼくは暮らす。死ぬときにはイサカで死にたい」。彼はその町へ、ひとり向かうのだ。そこまで人を好きになるとはあまりに美しい話。だが人間は、よい心で生きていく。生き通していいのだと思えてくる。その感動は、兄の戦死の電報を、ホーマーがわが家に届けるところまでつづく。

人びとのことばは、ありふれたものなのに、この世のものとは思えないほど美しく気高いひびきをもつ。よい人だけで小説がつくられる例はなかった。多くの小説は、わるい心や影のあることがらを媒介にしてきた。そのために、大切なものを失うこともあったかもしれない。ここには文学的な表現はほとんどないのに、深いものが静かに、てあつく示されている。この小説のなかにあるものは他では見られないものだ。特別な名作である。

（小川敏子訳。二〇一七年、光文社古典新訳文庫）

壁の線

ソルジェニーツィン『イワン・デニーソヴィチの一日』

「イワン・デニーソヴィチの一日」は、一九六二年に発表した、ノーベル賞作家ソルジェニーツィン（一九一八－二〇〇八）の代表作。全世界に衝撃を与えた。

第二次大戦の戦地で、スターリン批判をしたかどで逮捕され、強制収容所で八年の刑に服す。その体験の記録だ。カザフの特別収容所では雑役夫、石工、鋳造工として働いた。

このあと、一九六八年、長編「煉獄のなかで」を国外で発表。一九七〇年、ノーベル文学賞受賞が決まった後、大作『収容所群島』を刊行。ソ連体制の暗部を描き、ソ連崩壊を予言。逮捕、収監。国家反逆罪でソ連市民権を剝奪された。一九七四年、国外追放となりアメリカへ亡命。ソ連崩壊後の一九九四年に帰国。母国ロシアで亡くなった。多くのロシア人がその死を悼んだ。戦争とたたかい、政治と戦った人である。一九世紀ロシアの文豪、ドストエフスキー、トルストイを継承、二〇世紀のロシア文学復活をもたらした。「イワン・デニーソヴィチの一日」は現在、新潮文庫、岩波文庫で刊行、版を重ねる。以下、新潮文庫、木村浩訳『イワン・デニーソヴィチの一日』より。

どんな作品か。ひとことでいうと不思議な感動を与える傑作だ。これがあの名作かと、拍子ぬけするくらい、「ふつうの感じ」の文章でつづられているからである。

収容所の、非人間的な実態。食べ物もろくに与えられず、酷寒（マローズ）のなか過酷な労働をしいられる囚人たちは、つねに死と隣りあわせ。元農民の兵士イワン・デニーソヴィチ・シューホフの、ある「一日」が淡々と描かれる。起床、点呼、現場作業、食事風景、また点呼。就寝までの長い、つらい一日。のりきるためには「足もとだけを見て暮せばいいんだ。そうすりゃ、おれはなんで引っ張られたのか、いつになったら出られるのか、なんて考えてるひまはない」。

食べ物にありつけることがすべて。

「食べるときには、食べ物のことだけ考えればいいのだ。このちっぽけなパンをかじっているように。先ずちょっぴりかじったら、舌の先でこねまわし、両の頬でしぼるようにするんだ。そうすりゃ、この黒パンのこうばしさよ。」

過酷な状況に耐えるには、このように感じて生きていくしかない。いっぽうでこんな場面も。

ブロック積みの作業をさせられ、やっと終わった。

「しかし、シューホフは、たとえいま護送兵に犬をけしかけられたとしても、ちょっとうしろへさがって、仕事の出来ばえを一目眺めずにはいられなかった。うむ、悪くない。今度は壁へ近づいて、右から左からと、壁の線をたしかめる。」

作業中止といわれても、ちょっと自分の仕事のできばえを振り返る。シューホフはそんな人でもある。この場面がぼくにはとても印象的だった。

収容所には、ソビエトのさまざまな階層の人たちがいる。いつも、なにをするときもいっしょのエストニア人ふたり、威厳を示す古参の老人、元官僚、バプテスト信者、元富豪、辺地の農民……。ソ連社会の矛盾が浮かび出る。「一度出た古い月は、どこへ行くんだ」「おれの村じゃな、古くなった月は神さまが星にしちまうんだ」というようなユーモラスな対話もいくつかある。でも事態はきびしい。夜が来た。一日が、終わる。

「きょうはすばらしい一日だった」「このまま眠ってしまうのも惜しいような気がした」「きょう一日、彼はすごく幸運だった。営倉へもぶちこまれなかった。どうやら、病気にもならずにすんだ」「一日が、すこしも憂うつなところのない、ほとんど幸せとさえいえる一日がすぎ去ったのだ」。

収容所はいいところだ、といっているわけではむろんない。底ぶかい怒りがある。極限状況でも「生きる」ことを味わう、人間の力づよさも。文学でしかとらえられない光景だ。

このような状況は過去のものではない。政治の、あるいは時代の、非人間的な力におしつぶされて過ごす人たちはいまも、このあとも多い。人間の「一日」を描く不朽の名作。

（木村浩訳。一九六三年、二〇〇五年改版、新潮文庫）

明快な楽しみ

カルヴィーノ『まっぷたつの子爵』

イタリアの文豪イータロ・カルヴィーノ（一九二三―一九八五）の小説は『くもの巣の小道』『むずかしい愛』『不在の騎士』『見えない都市』などが各社の文庫・新書で出ているが、『まっぷたつの子爵』（一九五二）の文庫は、今回の岩波文庫が初めて。明快で、強烈。楽しみの多い作品である。

時は、一八世紀初め。トルコとの戦争で、砲弾を浴び、体をまっぷたつにされてしまったメダルド子爵の物語である。

「残る半身は何もなかった。」

片側だけとなった子爵は、城のある在所に帰還するのだが、彼が歩いたあとを見ると、梨の実は半分しかない。石の上の蛙も半分、きのこも半分しかなかった。子爵が切り落としたのだ。「こういうぐあいに、ばらまかれた足跡」。それが子爵の通ったしるしなのだ。

そんな叔父・メダルド子爵の姿を少年の「ぼく」が語る。

　そのうちに子爵は、あちこちで非道なことをする。放火したり、やたらと人を処刑。「残忍さに片寄ってしまった」のだ。

　ある日、死んだと思われた、もう片方の子爵が生還。半分になったあと隠者たちの介抱をうけて奇跡的に生き返り、ようやく城にたどりついたのだ。彼はとても善《よ》い人。弱い人たちに心を寄せ、暮らしを助ける。まっぷたつにされているものの「良い点」があると彼はいう。「この世のすべての人が、そしてすべての生き物が、それぞれに不完全であることのつらさに気づいてさえくれれば」。「かつて、完全な姿をしていたときには」わからなかった。「この世のすべての半端な存在と、すべての欠如した存在とに対する連帯感」をもちたいと。まだ先がある。ここからがカルヴィーノだ。

　この善い子爵は、熱心なあまり、次第に厄介な人になる。重い病の患者たちも「きのこ平《だいら》」でそれなりに楽しく明るいひとときを過ごしているのに、「神経質で、礼儀に厳しい、賢者気どりの」子爵のおかげで、「誰も自分の好きなことができなくなってしまった」のだ。「ふたつの半分のうち、悪いほうより善いほうがはるかに始末が悪い」といわれるまでに。「非人間的な悪徳と、同じくらいに非人間的な美徳」。近年どこかの国では各方面で、ある催しのため、安全のため、健康のためになどと、誰もさからいにくい題目をふりかざして過剰な規制を図る動きがある。運動会の音楽や花火がうるさい、やめろという人たちも登場した。ある程度不都合なことがあっても人間の自然な状態をうけいれていくという、人間らしい姿勢をとれなくなったのだ。「非人間的な美徳」の出動である。心をしずめ、必要な思いをめぐらせるならば、新たな輪郭が見えることを伝える。そこにこの奇想小説の重心があるように思う。

　さてさて、二人の子爵が現れて大混乱。二人はついに決闘することに。だが「剣尖《けんせん》は相手の体に触れなかった」のだ。「それぞれに相手の何もない側」を「激しく突きたてるのだった」。お互い手傷を負わない、この激しい戦いは強く胸にひびく。「きのこ平」の人びと、イギリス人の医師、ユグノー教徒など、広汎な人間の姿を点じながら、精妙に小説はつくられていく。すみずみまで傑作である。

　羊飼いの娘パメーラのことばも心に残る。悪い子爵が来たと思ったら、今度は、善いほうがやって来る。彼女は、山羊さん、あひるさんに、たずねる。「どうしてあたしのところに来るのは、ああいう人たちばかりなのかしら?」と。こまったようすだけれど、どこか楽しそうな感じもある。この世界の、よいところだ。

（河島英昭訳。二〇一七年、岩波文庫）

水曜日の戦い

『オコナー短編集』

アメリカの女性作家フラナリー・オコナー（一九二五―一九六四）は、三九歳という若さで亡くなった。読む人の内部を壊して、別の物と取り替える。そんな作品を残した。

日本では、ほぼ全作品が翻訳されている。『オコナー短編集』（須山静夫訳・新潮文庫）の他に、長編『賢い血』（須山静夫訳・ちくま文庫）、『フラナリー・オコナー全短篇』上・下（横山貞子訳・ちくま文庫）など。

「善人はなかなかいない」や「善良な田舎者」といった作品は、人間が書いていたはずの小説が突然、人間から離れ去っていくかのような異常な展開。

一九六一年の作品「高く昇って一点へ」（『オコナー短編集』）も、尋常ではない。老年にさしかかる母親は町の「減量クラス」まで、水曜日の夜におでかけ。息子ジュリアンは、母をバスに乗せて、連れていく。やれやれと思いながら。母親は、裕福な家庭の出で、自分の見方、生き方にゆとりと自信をもつ人で、人種差別がなくなる以前にも、黒人には理解を示した。うちで働いていた黒人女性は、ほんとうにいい人だったわ、あの人たちのためなら、なんでもするよ、といったようなこともいう。でもバスのなかで、黒人の姿を見つけると、「なぜわたしがひとりでバスに乗りたがらないか、これでわかったでしょ」。

また、なさけの深い人間であると、母親は自分のことを思っている。バスのなかで見つけた黒人の男の子に、お金をあげるのだといい、息子の制止もきかずに、そうしようとする。

ジュリアンは、この母親に育てられたことに感謝はするが、母親を「客観的な目で」見つめるようになった。だから母親のことばや挙動に批判的。二人のやりとりは激しい。

「自分がどういう人間であるか」を知っているという母親に対して、ジュリアンは「お母さんの情け深さなんか、だれもかまいはしませんよ」。そしていう。

「自分がどういう人間かわかっているといっても、それだって一世代のあいだ効き目があるだけです。」

ぼくはここで、立ちどまる。ほんとうにそうだ。でも人間は、なかなかこうは思わない。自分がどういう人間であるかという、その判断は、他人をどうみるかということが軸になる。人に優しい自分、よわい人に情けをかける自分。だがそれくらいの「性格」や、「人格」はあてにならない。一世代、もしかしたら自分が、生きている間だけのものであって、少しも確かなものではない、その人にとっても、意義のうすいものだとジュリアンはいうのだ。

人はこのジュリアンのいう視線で自分を見る必要があるのだが、できない。オコナーは、人間にできないことを次々と鮮やかに突き出す。

この作品はこれだけでは終わらない。情けをかけることにしくじった母親の、そのあとに注目したい。彼女はそれまでとてもよくしゃべっていたのに、そこから突然、ことばが少なくなり（この構成がすばらしい）、信じられない世界のなかに突き進むことになる。息子ジュリアンもまたそこで、人間という舞台から振り落とされるのだ。文章に、会話のはしばしにユーモアと、深淵がのぞく。おそろしいほどの緊迫感がたちこめる。オコナーは、かつて例のない非情の目をみひらいて人間を愛し、人間を見つめた。いまも「善良な」読者を震わせる。

（須山静夫訳。一九七四年、新潮文庫）

太陽の視角

ガッサーン・カナファーニー『ハイファに戻って／太陽の男たち』

ガッサーン・カナファーニー（一九三六―一九七二）の『ハイファに戻って／太陽の男たち』（河出文庫）は、心を強く揺さぶる作品集だ。中東の現実を知るために、人間について考えを深めるためにも、この本を開きたい。

カナファーニーは、イギリス委任統治下パレスチナの生まれ。一九四八年、一二歳のときデイルヤーシン村虐殺事件が起き、シリアへ逃れる（パレスチナ難民のはじまりとされる）。その後、政治活動に入る。パレスチナ問題の核心にふれる作品と発言は大きな反響を呼んだが、車に仕掛けられた爆弾で、暗殺された。三六歳だった。

『現代アラブ小説全集7　太陽の男たち／ハイファに戻って』（河出書房新社・一九七八）が出たとき、ぼくは作品を知った。そのあと『太陽の男たち／ハイファに戻って』（新装版・一九八八）、表題をいれかえて『ハイファに戻って　太陽の男たち』（新装新版・二〇〇九）とつづき、今回、初の文庫に。七つの中・短編はいずれもパレスチナ人の姿を描く。

中編「太陽の男たち」（一九六三）では、パレスチナ難民の男三人がイラクからクウェートへ密入国を図る。請負人の男の運転する給水車で出発。最初の検問所の手前で三人は、からのタンクに身を隠す。そのなかは焼けるように熱い。数分の地獄に耐えて突破。「四人の憔悴した一行を乗せた車は、まるで熱い錫の薄板の上に垂らされたねっとりとした油の一滴のように、砂漠の中を進んでいった」。

次の検問所では、係官が運転手に女の話をしてからかい、なかなか書類に署名しない。余分に時間をとられた運転手は全速力で車を走らせるが、三人はタンクのなかで死んでいた。「なぜおまえたちはタンクの壁を叩かなかったんだ」と、運転手が叫ぶところで終わる。「太陽にうちのめされた」悲劇である。

かつて見たシリア映画「太陽の男たち」（一九七一、日本公開・一九八五）では、三人は必死に壁を叩いたが、検問所の冷房機の音でかき消された。どちらにしても痛ましい。カナファーニーの現実の見方、とらえ方に魅せられる。砂漠を走行中、それぞれ事情をかかえた四人の心の画像の再生。二度にわたってタンクに入るときの三人の順番など。周到な視角だ。

未完を除くと最後の作品となった中編「ハイファに戻って」（一九六九）も傑作。一九四八年、イスラエル軍によるハイファ（地中海沿岸の都市）総攻撃。若いサイード夫妻は、混乱のなか、生後五か月の乳飲み児と離れてしまう。二〇年後、かつての住居を訪ねると、ポーランドから移住したユダヤ人夫婦に育てられた、軍服の青年が現れる。名前を変えていたが、青年は夫婦の子どもだった。

　アラブと、イスラエル。いまや敵同士となった、夫婦と、その息子の再会。「人間は究極的にはそれ自体が問題を体現している存在だ」。激しい応酬がつづく。複雑にからみあう状況を体験した人たちが知力を尽くして対峙するのだ。登場人物だけではない。読む人も自分の心のなかを見つめつづけることになる。文学作品の一場面がこのような引力をもつのはきわめて特別なことだ。祖国とは何か。サイードはいう。「祖国というのはね、このようなすべてのことが起ってはいけないところのことなのだよ」と。

　ガッサーン・カナファーニーは、心のとても深いところへ光を入れた。同時代の、そしてこれからの人たちのための作品を書いた。他に「悲しいオレンジの実る土地」「路傍の菓子パン」「彼岸へ」など五つの短編を収録。

（黒田寿郎、奴田原睦明訳。二〇一七年、河出文庫）

書棚から　II

クライスト『ミヒャエル・コールハースの運命』／ドイツの作家、クライスト（一七七七—一八一一）の中編。一八一〇年の作。一六世紀半ば、善良な博労ミヒャエル・コールハースはある日を境に、大盗賊となり、ドイツ社会を震撼させる。渦中、宗教改革のマルティン・ルターなども登場。考えるゆとりさえ与えない高速の展開。クライストもまた怖るべきスピードで、劇的な人生を駆け抜けた。（吉田次郎訳。一九四一年、岩波文庫）

ホーソン『緋文字』／アメリカ最初の文豪、ナサニエル・ホーソン（一八〇四—一八六四）の一八五〇年の長編。人生永遠の苦悩を、原色のまま取り出した熾烈な傑作。文学は、ここから始まったのだと思う。（福原麟太郎訳。一九五二年、一九九五年改版、角川文庫）

シュティフター『水晶 他三篇』／オーストリアの作家、シュティフター（一八〇五—一八六八）の作品集『石さまざま』（一八五三）より四編。小さな兄妹が、冬の氷の世界をさまよう「水晶」と、「みかげ石」「石灰石」「石乳」。鉱物になぞらえて、自然と人間の摂理をとらえた近代屈指の名品。（手塚富雄、藤村宏訳。一九九三年、岩波文庫）

モーパッサン『脂肪の塊』／モーパッサン（一八五〇—一八九三）、一八八〇年の中編。敵軍占領下、一台の馬車に乗り合わせた商人、伯爵、尼僧、娼婦などの心のゆらぎを写す、近代フランス文学の傑作。（水野亮訳。一九三八年、一九五七年改版、岩波文庫）

ガルシン『赤い花・信号 他四編』／ガルシン（一八五五—一八八八）はロシア・エカテリノスラフ県（現、ウクライナ領）生まれ。「信号」（一八八七）は線路番の物語。ぼくは中学三年の教科書（『新しい国語』東京書籍）で読み、祖母に話を聞かせた。「そのとき、セミョーンはね」「すると、なんと、ヴァシーリイが！」と実演した、思い出。「信号」はロシア旧世界の人びとの希望を描く感動作。（小沼文彦訳。一九六八年、旺文社文庫）

シャーウッド・アンダーソン『ワインズバーグ、オハイオ』／アンダーソン（一八七六—一九四一）の代表作となる連作短編。一九一九年に発表。オハイオ州、架空の「小さな町」が舞台。それぞれ心の悩みを抱える人たちの生活模様は、読み終えた人のもとで深い残像となる。深淵にとどく文章世界はフォークナー、ヘミングウェイなど後続のアメリカの文豪に大きな影響を与えた。（上岡伸雄訳。二〇一八年、新潮文庫）

『ソーントン・ワイルダーI わが町』／アメリカの文豪、ソーントン・ワイルダー（一八九七―一九七五）の戯曲。一九三八年初演、刊。いまも毎日のように世界のどこかで上演される、不動の名作。「人生というものを理解できる人間はいるんでしょうか――その一刻一刻を生きているそのときに？」。若くして亡くなった女性、エミリーの問いかけは、いまも胸にひびく。

（鳴海四郎訳。二〇〇七年、ハヤカワ演劇文庫）

ブッツァーティ『七人の使者・神を見た犬 他十三篇』／ディーノ・ブッツァーティ（一九〇六―一九七二）の作品集。途方もない旅路「七人の使者」（『七人の使者』一九四二）、特に意味もなく、水滴が、夜の階段を一段、また一段と上がっていく「水滴」（『スカラ座の恐怖』一九四九）など、印象度の高い作品が並ぶ。ミステリアスな光景をシンプルに描く。身に迫るものばかり。

（脇功訳。二〇一三年、岩波文庫）

『マラマッド短編集』／アメリカのユダヤ系作家、バーナード・マラマッド（一九一四―一九八六）の短編集『魔法の樽』（一九五八）一三編の全訳。ニューヨークの下町でひっそりと暮らすユダヤ系市民の、隠れた哀感をつづる。若き靴職人の秘められた愛を照らす「最初の七年間」、「天使レヴィン」「湖上の貴婦人」「夏の読書」「借金」など特に感銘が深い。マラマッドの作品により、現代文学は一層の苦みと鋭さをそなえることになった。

（加島祥造訳。一九七一年、新潮文庫）

III

旅

関根慶子『新版 更級日記 全訳注』

平安期日記文学の代表作「更級日記」は、一〇六〇年ころの成立。関根慶子《よしこ》（一九〇九―一九九八）の『新版 更級日記 全訳注』（講談社学術文庫）は、定評ある訳注の新版だ。六三段（他にも分け方があるが、本書の区分）を原文、現代語訳、語釈、参考の順に精読すると「更級日記」の見方もあらたまる心地がする。

作者は、菅原孝標女《すがわらのたかすえのむすめ》（一〇〇八年生まれ）。父孝標は、菅原道真の玄孫。

父の任地・上総《かずさ》の国から一三歳の秋、帰京。物語世界にあこがれる少女は、入京の翌年、「源氏物語」全巻を読むことがかなったが、乳母や姉と死別。晩《おそ》い結婚の前後の宮仕えにも幻滅するなど、いくたの面で現実のきびしさを知り、次第に仏の世界へと傾いていく。

ほぼ四〇年間を振り返る自伝だが、並の人生を超えるほどの特別な個性をもつ人とは思えない。心地よい、平明な文章をつないで折々の心境をしるす。

まずは一三歳のときの、京への旅。

八段、富士を見る場面。「紺青を塗ったようであるところへ、雪が消える時もなく積っているので、濃い色の着物の上に白い衵《あこめ》を着たかのように見えて、山の頂上の少し平になっている所から煙は立ちのぼる。夕方は火が燃え立つのも見える」。燃えている富士山の記録は大変貴重だが、人物の回想も印象的だ。

その前の七段。「足柄山《あしがらやま》という山は、四五日前から恐ろしいように暗く続いて見えていた」のくだりには、山を見上げながら、一日一日を歩く旅のようすが目に浮かぶ。暗い夜、「遊女が三人どこからともなくあらわれ」、「空に澄みのぼるように上手に歌をうたう」場面。「見た目がまことに小ぎれいなうえに、声までたぐいないほどに歌って、あんなにもの恐ろしげな山中に立って行くのを、人々は名残惜しく思ってみな泣くのだが、私の幼な心には、まして悲しく」とつづく。

闇のなかへ消える遊女たちの姿は、強く心に残る。当時の人は遊女たちをどう見たのか。どんな歴史書にもまさる鮮やかさで、心の風景を伝えてくれる。

このときの出会いは、一二段、尾張・美濃の境の野上で遊女を見たときにも思い出され、足柄の女性たちのことが「しみじみと恋しくてたまらなかった」。さらに五八段、三〇年以上あとの高浜（大阪）にも引き継がれる気配。「作者がこれらの遊女の姿を描くところには、男性とは違った感情で、そのあわれさが胸にしみるのであったろう」。こうした小さな情景一つにも、物語がある。

五四段「越前の友」は、昔とても仲の良かった人が、越前守《えちぜんのかみ》に嫁いでからは消息がなかったが、ようやく便りがあったよろこびをしるす。五七段「筑前の友」も、親しかったのに筑前に行ってしまった女性のことを懐かしさのあまり、夢に見るもの。短い文にも、作者の思いがしのばれ、胸があつくなる。平均すると、年に一段半。一つか二つの話にとどまる。火事で家が焼けたことも、さらりとしるす程度。大きな区切りとなることにもあまりふれない。それは作者の生き方、人生の見方を示すものだろう。

各段は、ふとどこからか水がわきでるように始まるものが多く、そこからきれいな流れが生まれる。一段の文章の前に、思いを語りきり、完結した文章のようなものが作者の内部にあるが、その起点となったものは文字としては消滅し、そこから現実の文章が始まる。それがこの回想のひとつの基調であるように思う。

文章として現れるところだけを文章とみることにならされた後代の人からは、このような世界は生まれにくい。「更級日記」を読むと、消えたもの、いまは見えないことさえも、いつの日か感じとれる。そんな気持ちになる。

（二〇一五年、講談社学術文庫）

黄金期の詩境

『江戸漢詩選』上・下

『江戸漢詩選』は、江戸時代、約二六〇年間に書かれた漢詩のアンソロジー。上巻（初期から中期）と下巻（後期・幕末）に一五〇人・三二〇首と、現代語訳、作者小伝を付す。数が多いのは、菅茶山《かんちゃざん》と柏木如亭《じょてい》の七首、頼山陽《らいさんよう》と六如《りくにょ》の六首。新井白石らは五首。伊達政宗（「馬上青年過」の詩）、大塩中斎（平八郎）も登場。以下の原詩、訓読などは新字で引用。

奈良時代の漢詩集『懐風藻』（七五一）で幕をあけた、日本の漢詩。本家・中国の詩の模倣から出発したが、平安前期には菅原道真が写実的な、すぐれた詩を書いた。大岡信『詩人・菅原道真』（一九八九・現在、岩波文庫）の感動は深い。そのあと物語、日記、随筆などの散文に主役を譲るものの、新たな詩境を開き、江戸時代に黄金期を迎えた。景色を詠む、日々の感懐を記す、古典を仰ぐなど詩風は多彩。鳥山芝軒《しけん》の詩には「帰樵隔壠呼」。仕事を終えて家路につく木こりが、こちらに声をかけるのだ。こうした他の人影も出て、視界は広がる。

集中もっとも魅せられたのは菅茶山（一七四八―一八二七）の詩。七言絶句「即事二首」。塾の前の柳の下の水流は「徹底して清らかなる有《あ》り」。唐詩を踏まえた、みごとな表現。終わりの二句は「童子倦来閑洗硯／奔流触手別成声」（学課に飽きた子供がここで静かに硯《すずり》を洗うと、ほとばしるような水の流れが子供の手に当たって別の音を立てる）。「別の音」を添える点も鋭い。身近な景色に、詩の活動がある。

菅茶山は農業、酒造業の家に生まれ、上洛し、朱子学と医術を学ぶ。三四歳のとき、郷里の備後神辺（現在、福山市）に帰ると、廉塾を開く。山陽道随一の詩人とされた菅茶山のもとには、山陽道を往き来するたくさんの文人が訪れたという。

菅茶山だけではない。江戸や上方以外の地方都市、郷村を拠点とする詩人も輝いた。平野金華・磐城、宮沢雲山・秩父、赤田臥牛《がぎゅう》・飛驒、山村蘇門・尾張、野村東皐《とうこう》・彦根、祇園南海・和歌山、頼春風《らいしゅんぷう》・安芸、亀井南冥・筑前、三浦梅園・豊後、藪《やぶ》孤《こ》山《ざん》・熊本など多数。家督を継ぐ、藩校で教える、塾を開く、遊歴するなど、地方とのつながりはさまざまだが、人びとの行き交いは折々に恵みをもたらす。『江戸漢詩選』を読んで、さわやかな気持ちになるのは、地域の詩人たちが、独創的な、とてもいいものを書いているからだ。これは一極集中の現代にはない光景かもしれない。

女性詩人の数も増加。上巻四人、下巻一〇人。以下郷里など。内田桃仙は江戸時代女性初の個人詩集を刊行。長玉僊《ちょうぎょくせん》は江戸深川で育ち、京都祇園で芸者。大崎文姫《ぶんき》・下総（伊能忠敬の内妻）、多田季婉・越後黒川、梁川紅蘭《やながわこうらん》・美濃（夫の星巌《せいがん》も詩人）、江馬細香・大垣、井上通女・丸亀、原采蘋《さいひん》・筑前、立花玉蘭・柳川らが各地で詩作をつづけた。

あ、この人、少し知ってるとぼくが思った人が、二人いたのでほっとした。元政《げんせい》、安東省庵《せいあん》のことを描いた小説を読んでいたからだ。二人はほぼ同じ時代の詩人だ。

中村真一郎の最高傑作『雲のゆき来』（一九六六）。その主役の一人が元政上人（初代彦根藩主井伊直孝の側室、春光院の弟）。現代の「私」が世田谷・豪徳寺の春光院の墓を訪ねるところから、小説は始まる。元政は「三世紀後の一文士の或る夜の心のなかに、確実に言語によって別世界を開いてくれた」。元政の詩編と、明から亡命した詩人との親交、さらに後代の詩論などを書き入れて、小説は進む。文庫上巻に収録、この小説にも引用された「病来」には、母思いの元政の姿がある。

柳川藩儒・安東省庵（名は守約）が出るのは、小田嶽夫の小説「朱舜水《しゅしゅんすい》」（『桃花扇・朱舜水』一九七二）。安東省庵は、明から来航した儒者、朱舜水に師事し、日本での生活を支えた。師弟の交友を、こまやかに再現する。文庫上巻に二首、小説中にも安東省庵の漢詩が引かれる。こうした散文作品も、江戸期の詩を知るためのよりどころとなる。

幕末になると、漢詩は思想の詩、主張の詩、記録の詩となる。橋本景岳（左内）「獄中作」。眠れない夜、「一点の星の光」が、獄舎の窓を照らす。吉田松陰は「百年の寿命が尽きるまで」志気を無くすことがあってはならないと叫ぶように詠う。森田桂園「航米雑詩」は、アメリカを訪れたときの紀行詩だ。こうした維新前夜の作品には、内容的に散文に近いものもある。詩ではなく、普通の文章で表現したほうが、作者の置かれた状況もよく伝わるように思われる。でもこれは漢詩が行き着いた場所かもしれない。

日本の漢詩は、中国の詩を承け、新たな道を求め、ことばの経験を積んだ。そして江戸時代の終わりに熟し、起承転結を果たした、とみてよいのかもしれない。近代に入ると、漢詩は次第に忘れられていく。始めたものは、終わる。それも文学の姿なのだろう。でも漢詩にはたくさんの、よいものがある。ことばに向かう姿勢と、決断。哀楽とは別の、淡い感情。静かな自分の時間。そして過ぎ去った時代と、人びとへの思いである。どれも大切なものだ。

（揖斐高編訳。二〇二一年、岩波文庫）

雨の中の道

足立巻一『やちまた』上・下

長編評伝『やちまた』は一九七四年の刊行。足立巻一（一九一三―一九八五）が残した内容の深い、特別な作品だ。多くの人に深い感動をもたらした。この日本に、このような著作が存在すること。それを知るしあわせを読む人は感じることだろう。

本居宣長の長子、本居春庭《はるにわ》（一七六三―一八二八）。その文法学一筋の生涯を、これ以上望めないほどこまやかに再現する。それが『やちまた』だ。このたび上・下巻の中公文庫で刊行された。

昭和二年（一九二七年）、著者は国文の専門学校（神宮皇学館・三重県伊勢市）の白江教授の講義で、本居春庭の存在と功績を知り、興味をもつ。春庭は、父・宣長のもと、松阪で国学を学ぶが、二九歳で眼病を発し、三二歳のとき完全に失明。そのあとも、父の国学の一部門だった国文法の研究に励み、『詞《ことば》の八衢《やちまた》』を著わす。『詞の八衢』は豊富な例証をもとに四段、一段、中二段、下二段の動詞活用を明らかにした画期的なもの。「おなじことばでもその働きざまによってどちらへもいくものであるから」と、「やちまた」（道がいくつにも分かれたところ）にたとえた。春庭が名づけた「変格」（変格活用）はいまも使われている。

最後の著作『詞《ことば》の通路《かよいじ》』の自動詞・他動詞を区別する学説も、世に先んじた。ことばの本質を「意味」でなく「語法」にあるとする言語哲学から生まれた労作である。それら学説の淵源をたどる著者足立巻一の旅は、春庭の心に添いながら、果てもなくつづく。『やちまた』完成に、四〇年の歳月を要した。その探索の日々を清涼な文でつづる。

松阪の春庭だけではない。『詞の八衢』の学説に一面で先行したとされる鈴木朖《あきら》（尾張）、春庭の前に「刃物のようにもっとも鋭く立ちあらわれた」僧義門（若狭）など同時代の文法学者の事績にも触れながら、春庭の独創性を検証。夢のなかで本居宣長の門下となったと公言する平田篤胤。その「悪霊のように強烈無類な個性の出現」で、宣長の国学が分解していく動きも書きとめる。目の見えない春庭を助けた、妹・美濃、妻・壱岐。その代筆の文字の濃淡を通して、それぞれの人生を思う場面や、伊勢で、松阪で、出会う人たちの情景も印象的。でももっとも心をとらえるのは「切畑《きりはた》」への旅だ。

父・宣長は、春庭の眼疾を案じた。父とともに春庭は松阪をたち、尾張・馬島の明眼《みょうげん》院《いん》（日本初、当時唯一の眼科専門病院）で治療を受ける。失明確定のあとの京都の旅では、途中の大和国切畑村（現在、奈良県山辺郡山添村切幡・郵便番号は６３０－２２３４）に名医がいると父から教わり、二度訪ねるが、平癒せず、「徒労の旅」に終わる。宣長は、息子の視力回復の望みを捨て切れなかった。「切畑に希望をつないでいるのである」。切畑はそのころ、眼科の名医がいるとは思えないような、山あいの辺地。春庭は「雨の嶮《けん》路《ろ》」を歩いて切畑に向かったのだった。

著者足立巻一は後年、その切畑へ向かう。春庭が歩いた道をたどる。さらに、一七〇年以上も前、はるか昔に、切畑にいたらしい眼科医のおもかげを、懸命にさがしあてようとする。その切畑の旅は、大切に思う、昔の人の道をたどる旅である。人の旅としてこれ以上に意義のあるものはない。心の底からそう思った。

春庭に少しおくれて生まれ、『詞の八衢』を要約して、初学のために、とてもいい案内書を書いた人、春庭のことばを人知れず大切にした人など、それぞれにひとつの道を歩き通した人たちの姿は、影となり光となって、読む人の心に残ることだろう。足立巻一『やちまた』は、さまざまな一筋を描く。ことばが果てるまで描いていく。

（二〇一五年、中公文庫）

与謝野晶子の少女時代

与謝野晶子『私の生い立ち』

『私の生い立ち』（岩波文庫）は、大阪・堺に生まれた与謝野晶子（一八七八―一九四二）が、幼少期を回想する貴重な著作。三七、八歳のとき、少女雑誌「新少女」（一九一五年と翌年）に連載した「私の生い立ち」「私の見た少女」の二章で構成。子どもにも伝わるように、やさしいことばでつづる。解説、今野寿美。

世紀の歌集『みだれ髪』、非戦詩「君死にたまふこと勿れ」の人は、どんな少女期を過ごしたのか。八歳のころ、先生がいう。ひよこが三羽。二羽は餌を食べているが一羽は見てるだけ。その一羽は何を思っているでしょう、と。みんなの答は「私も欲しいと思います」。先生も、同意見。「私」は「そんな簡単なものでない」、「一羽のひよこの真実《ほんとう》の心《こころ》持《もち》が解りたいとばかり幾年《いくとせ》か思い続けました」。

九歳のころ、子どもたちの間で「継子話《ままこばなし》」が流行。つらい目にあう継子の話を聞かされるのに飽き飽きした「私」は、ついに話を始める。「隠していましたけれど」、私は京都に家があるんです、「初めから継子ですよ」というと、「可哀相《かあいそう》なこと」と、一同、おどろきの目を見張る。悲しい話はエスカレート、子どもたちは泣き出す。そのうちに「嘘を云った私までが熱い涙の流《ながれ》るのを覚えました」。自分の作り話に、「私」も泣いてしまうのだ。面白い。父（菓子商を営む）は、スイカに絵を彫る「西瓜燈籠《すいかどうろう》」を作ってくれる。しなびないよう水桶のなかに。でもいつか色も形も変わりはてる。「私は生れて初めて老と云うことと死と云うことをその夜《よ》の涼台《すずみだい》で考えました」。

この「私の生い立ち」は、最後に、堺という町を、簡潔に紹介。「木綿《もめん》を晒す石津川《いしづがわ》の清い流もあります。私はこんな所にいて大都会を思い、山の渓間《たにま》のような所を思い、静かな湖と云うようなものに憧憬《どうけい》して大きくなって行《ゆ》きました」と結ぶ。「静かな湖と云うような」という表現は、平凡なのに特別なものに見えてくる。

次の「私の見た少女」は、九人の少女の思い出。優しくて美しい、おみきさん来宅。友だちを家に迎えたことのない「私」は何をしていいかわからない。「今に楽《たのし》みと云うものが二人の傍《そば》へ自然に現れて出て来るはずだと云う風に待たれるのでした」。ようすが鮮やかに浮かぶ。

新入生・渡辺さん（仮名《かりな》）が、ある日、声をかける。「あなた温泉と云うものを見たことがあって」のあとは、東京の知識検定に。「上野って野原じゃありませんよ」、二重橋って「橋が二十あるのだと思いませんでしたか」などと、たたみかける。こちらが冷静に答を返すと、「そうですとも、一寸《ちょいと》、さよならお先へ」と。「妙な人だと私は思いました」。こういう妙な人、たしかにいますね。

　おとなになってからのこと。「私」は知人の娘である、少女あや子さんと会っても、話す機会はあまりない。「けれどもう私達《わたしら》は知り合っているからいいのだと私の思うようなことをあやさんも思っているらしいのが嬉しくてなりませんでした」。さりげないが行きとどいた文章だ。大逆事件で刑死した大石誠之助の令嬢、おふかさんの姿も心に残る。いつまでも残る。

　どの文章も、かろやかで美しい。湖に浮かぶ木片のように。与謝野晶子の感覚はさほど特異なものではない。でもそこには、たしかなものがある。きちんと育ち、人としての思いをもった人ならこうする、こう思うという標準の線に沿ったもので、過剰さは見あたらない。大きな仕事を成しとげる人は、小さいときから必要なことの、必要な量だけを身につけていく。それができる人はいつの時代も少ないのだ。世にまれな一冊である。挿画、竹久夢二。

（二〇一八年、岩波文庫）

夢の生きかた

室生犀星『我が愛する詩人の伝記』

室生犀星（一八八九―一九六二）は、日本の近代詩を切りひらいた。「あにいもうと」など小説でも幾多の名作を書いた。犀星には、六九歳のときの回想『我が愛する詩人の伝記』（中央公論社・一九五八）がある。野趣にあふれ、鋭い省察が随所にみられる。時代が変わっても読む人の心をとらえる名著だ。新装普及版（同・一九六〇）、新潮文庫（一九六六）、中公文庫（一九七四）につづき、このほど講談社文芸文庫に。解説は、鹿島茂。

対象は、親交のあった明治・大正・昭和期の詩人。生年順では島崎藤村、高村光太郎、山村暮鳥、北原白秋、萩原朔太郎、釈迢空（折口信夫）、千家元麿（以上、犀星より年上）、百田宗治、堀辰雄、津村信夫、立原道造（以上、年下）の一一人の故人。人名が、そのまま表題となる。

「北原白秋」。若き犀星は、白秋の詩誌を注文し、田舎の郵便局から為替で送金。「たったこれだけのことでも、月給八円もらっている男にとっては大したふんぱつであり、そのために詩というものに莫大なつながりが感じられた」。白秋の雑誌に投稿。「ふるさとは遠きにありて思ふもの」の詩稿も含まれていた。それらは「一章の削減もなく全稿が掲載され、私はめまいと躍動」を感じた。後年、白秋は語った。犀星の字は拙い。なぜ載せたか。「字は字になっていないが詩は詩になっていた」と。犀星は書く。「彼は妙な愛情で私の字の拙いことを心から罵ってくれた」。

「高村光太郎」。さほど年長でもないのに、いちはやく登場した光太郎の存在に、犀星の心はざわつく。「誰でも文学をまなぶほどの人間は、何時も先きに出た奴の印刷に脅かされる。いちど詩とか小説で名前が印刷されるということは傍若無人な暴力となって、まだ印刷されたことのない不倖な人間を怯えさせ、おこりを病むようにがたがた震えを起させるものである」。当時、詩が活字になって印刷されるのは、無名詩人には夢のようなこと。印刷ということばは、まばゆさの象徴である。

　高村光太郎の妻、智恵子の印象はよくなかった。訪ねると、光太郎は留守だった。智恵子はのぞき窓のカーテン越しに、冷たくあしらう。愛する夫には忠実な智恵子。でも「私それ自身は彼女に一疋《いっぴき》の昆虫にも値しなかった。吹けば飛ぶような青書生の訪問者なぞもんだいではないのだ」。このあと、こう書く。「それでいいのだ、女の人が生き抜くときには選ばれた一人の男が名の神であって、あとは塵あくたの類であっていいのである」。
先に世に出たものの「印刷」におびえると書く。「塵あくたの類」であって当然と書く。よく見ると、いずれも凡庸な見解だが、正直にまっすぐに書くので、強く迫る。心の回想はつづく。

次は「堀辰雄」と「立原道造」。堀辰雄のお母さんは、「堀がいまに本を書く人になることを考えて、或る製本屋に近づきがあったので態々《わざわざ》菓子折を提げ、うちの子の本が出るようになったら、どうかよい本に製《つく》ってやって下さいと、挨拶にゆかれたそうである」。その母親は、堀辰雄が世に出る前に亡くなる。息子の本を一冊も見ることなく亡くなる。印刷、製本。それが文学なのだ。印刷、製本の夢をみる。それは犀星の夢でもあった。夢がかなえられても、まだ夢であった。それが詩人の生涯なのだろう。

立原道造は、軽井沢の犀星の家にやってくると、木の椅子に腰を下ろして、いつも眠っている。「僕の詩でも、ラジオで放送してくれることがあるでしょうかしら、してくれると嬉しいんだがナ」という青年だ。「誰でも持つ初期の心配をたくさんに持っていた」。犀星は、二四歳で亡くなった立原道造の詩が、そのあと多くの人に愛され、何度も全集が出た点を記す。印刷、製本の次は、ラジオ。読んでいくと、文学そのものの自伝を開く心地になる。

最後の章は「島崎藤村」。気むずかしい大家藤村に、犀星は近づけない。会っても話ができない、遠い人だ。それで、ここでは、人から聞いた話を書く。

藤村が軽井沢の旅館に泊まったとき、世話をしてきた婦人から、色紙をたのまれる。「藤村は機嫌好く一字ずつ、念を入れて書いていた」と犀星は記す。「信州の片田舎の旅館の朝の間にも、対手に島崎藤村という者をしたたか認めさせたかったのだ」「わが島崎藤村は生きた一人の女性から充分にみとめられ、あがめられて余韻なきものであった」。この場面。詩人というものを伝える視点としては通俗的かもしれない。だが誰にも見えないものをとらえて書き切る。みごとなものだ。

はっきりとはわからないけれど、何もかもが凄い、ということがわかった。ガラス一枚向こうには俗臭が漂う。だがそんなところでも詩人たちは正直に、懸命に過ごした。生きるしるしを残したのだと思う。本書に現れるのは詩を書く人だけではない。苦しむことを知りながら、すなおに生きようとする人たちの姿である。

（二〇一六年、講談社文芸文庫）

習慣詩人

『武者小路実篤詩集』

武者小路実篤（一八八五―一九七六）の詩は、仕組みも単純であるし、ことばもわかりよい。だから、誰にでも書くことができるように思ってしまう。ぼくもそう思って、一三年ほど前に、実篤の詩について長い文章を書いたとき、ためしてみたのだ。そうしたら、思った以上にするすると、楽に書けた。そこで、ここでも、ひとつつくってみよう。まずは実篤の詩。

自然は元気
俺も元気
俺はよろこんでゐる、
自然もよろこんでゐる。

（「自然は元気」）

これを、鏡に映すようにことばを並べて、つくってみると——。

俺は人間が好き
君も人間が好き
二人はしあわせだ、
人間であることはしあわせだ。

ほら、できた。こうして似たような詩は即座にできる。実篤の詩の内容とも、リズムとも、だいたい同じようなものが、どんどんできる。実篤風の詩のつくり方は、次の通り。

①思い浮かんだことを書き、
②もう一人、あるいは別の物を出し、
③二つをいっしょにしたあと、
④「美しい」「しあわせだ」などの語句で結ぶ。

こうすれば、できあがりである。こんなに簡単につくれる詩はない、とまで思うのである。

表現の工夫をしないこと、具体的な描写をしないこと、おおまかにすること、細かいことに触れないこと、少し道草すること、繰り返しを多くすること、結論はシンプルであること。以上をめざせば、実篤の詩（？）は、できあがる。

こういう詩が書けるのは詩を書くのだという意識から、自由になったときである。深く考えないときである。だから実篤の詩は、表現や技巧を凝らした現代的な詩を書く人や批評家には、どちらかというと冷遇されている。いわゆる詩というものから、もっとも遠いものとみなされているのだ。ただの意見を書いた詩だともいわれたりして。もちろん「レンブラント」とか「泉」とか、「笛を吹く」とかは不思議な味わいをもつ名品。以下、「レンブラント」全編。

レンブラント！
お前は立つてゐるな！
耐《こら》えて耐《こら》えて立つてゐるな
帝王のやうに
一人で
帽子を阿弥陀《あみだ》にかぶつて、

両手を腰にあてゝ、しつかと。
レンブラント！
お前は立つてゐるな！
（ある素画の自画像を見て）

画の前に立ち、そのときの感動を書いた。どんな感動かの内容は一切語っていない。感動だけを書いたのだ。技法的には貧寒なのに、光を放つ。いい詩だと思う。

泉は流れる所を知らずにあふれ、
鶏は卵を生んで生んで齢《とし》とつてゆくのだ。
（「泉」）

これも、詩になっている。だから、詩になっているものを詩だと思う人にとっては、見過ごしにはできない作品なのであり、そうした作品に実篤らしさを感じとる人は多いのである。だがぼくは、誰にもまねができるような、「詩になっていない」実篤の詩のほうに、実篤の本分があるとみる。また詩というもののおもしろさも、実はそこにあるのだ、と思うようになった。そう思えるまでには、ずいぶん時間がかかった。つまり、実篤があまり時間をかけずに（?）書いた作品のほうに意味があると思うまでに、たいへん時間がかかった。不思議な話である。名詩「レンブラント」も、そうした詩の延長で生まれ、熟したものだと思う。詩の組織に変わりはない。

明治以降の日本の詩は、今日にいたるまで、新しい実験や数々の意識改革をかさねて、内容のあるものを次々に生み出してきた。それは、わかりきった話である。ところがそれらの詩は詩になっている、詩らしい詩がほとんどというか、全部なので、読む人は、詩というものはやはり、それにふさわしいことば上の苦労をして生まれるのだと思ってしまう。あるいは詩はもっぱら詩人が書くものだと思うようになり、自分が詩を書くことを遠慮するようになる。どうしてもそうなる。

そんなわけで、萩原朔太郎や宮澤賢治や高村光太郎や中原中也の詩を読む人でも、自分では詩は書かない。もちろんみながみな書く必要はない。ただし、たんに行分けをすれば、ことばは詩になる（それだけではだめだけれど、そのうちに、そこからおもしろいことになるし楽しいこともある）。なのに、書く人は極端に少ない。俳句や短歌などの定型では書くが、自分のスタイルで、リズムでというと、とたんに弱気になる。うつむいてしまう。自由詩による自己表現が苦手なのである。とりわけ「いま」の自分を映す詩は書かない。実篤のように自由にはなれないのだ。それで、詩を書く人は日本にはほとんどいなくなった。いても世間から遠いところでひそかに毎日を過ごす。表には出ない。詩を書くことは、はずかしいことかもしれない。定型などの形にも守られずに、自分のことばをさらしていくのだから。けれど、詩というものに対しても、はずかしいことになってしまったのは少し問題だと思う。

詩らしい詩を書いてきた歴史というものがその実りともども、重く、また確かなものになればなるほど、詩というものが、ぼくらの周りから消えていくことになるのである。これはおかしいではないか。それは、近代の詩人たちが、いい詩を書く以上におおきな、もうひとつの仕事、詩を書くことは、それが確固たる習慣になれば、誰にでもできるのだということを伝える仕事を、果たさなかったためである。自分たちが詩らしい詩を書くことだけをめざして進んだからである。

実篤だけはちがった。実篤のユニークなところは、自由詩を書くことを日常の習慣にしてしまったことである。詩は習慣にできるという可能性を開いたことなのだ。日本で最初にそれを行なったのが実篤である。思ったことを書く。日記でもつけるように。誰に遠慮することもなく、ことばや表現を特別に気にかけることもなく、率直につづる。それが実篤の姿勢。日本ではめずらしい。

この姿勢は最初から最後までつづき、いささかの変更もなかった。体操のときに、「右向け、右」と一度いわれたら、あとから「なおれ」といわれても、いつまでも「右」を向いたままの子どもがクラスに一人はいるものだけれど、それに近い。最初そう思ったらずっと、そのままなのだ。そのままというのは、なかなかできることではない。おとなになってからは特にできない。人のことばを聞いて生きていくのがおとな。人のことばが変われば、それにまたついていくのがおとななのだから。

　実篤は、自分が詩だと思って書くものは、詩だと思った。詩というものはこういうものだという一般的な考えには合わせないのである。だから彼の習慣はどこまでもつづく。ところがいっぽうの詩らしい詩というものは、考えをもつために、またその考えを日々更新していくために、習慣にはならない。習慣から遠ざかり、ある特別なものになっていく。詩を書くことが特別なことに変えられていくのだ。

　だが詩に必要とされるいくつかの重要な準備もせずに、ただただことばを無心に並べてきた実篤の詩のほうが、詩を書く習慣をひとつの文化として残すことができる。これはめざましいことだ。詩のたいせつな仕事である。

　だからぼくは実篤の詩は、詩らしい詩を書いたいちばん高い場所にある詩人たちの作品と同じレベルにあるし、また見方によってはそれを超えているところもあるのではないかとさえ思う。

次ぎ次ぎと花をつくつてゐた
いかにも楽しそうに
見るひまもなくつくるのが嬉しいのだ
人間はさう思つた。

（「美神と人間」）

「美神」が「人間」の世界に、花をもたらしたようすをうたったものだが、「見るひまもなく」というところに目をとめたい。実篤はそれこそ、自分の書いた詩を「見るひま」もなく次々とつくった。習慣というものに支えられて。だが実篤ではない近代の詩人たちはこのような習慣をぼくらに伝えることはなかった。そこに日本の詩の、ひとつの歴史的なまずしさがある。ひよわさがある。

　こういう詩を最初に書いた実篤という詩人はやはりただならぬ存在であると思う。こういう詩が書けたのは、実篤が文学者として個人の場で、社会、集団の場で、時代に先立ついろんなことをしてきたからだ。「新しき村」運動もそのひとつ（ぼくは友人たちとこれまでに五回ほど埼玉・毛呂山の「新しき村」東の村を訪ねた）。そこから詩が生まれる。思想を背景とする場で、生まれる。実篤の詩はどんな単純なものでも、余人には求められない風格を感じさせるのはそのためだ。だからまねをして書けば、かなりまねることはできるが（冒頭のように）、どうも他の人の手では、実篤の詩と微妙にちがうものになる。詩はそれぞれの人のもとでつくられるからだ。それぞれが自分の詩を書けばいいということを実篤の詩は伝える。それはこれからの時代の詩をつくるためにもたいせつなことであり、ひとつの指標である。その意味で実篤はいつも「新しき人」だ。

（一九九九年、角川文庫）

純白の詩

『西脇順三郎詩集』

西脇順三郎（一八九四―一九八二）の詩の世界は、いまも多くの人を魅了する。岩波文庫『西脇順三郎詩集』を開くたび、いい詩があることはとても心地よいことだと思う。「ギリシア的抒情詩」の一編「眼」の一節。「石に刻まれた髪／石に刻まれた音／石に刻まれた眼は永遠に開く。」は簡潔で、密度がある。「ただ青いスモヽの藪から太陽が出て／またスモヽの藪へ沈む。／少年は小川でドルフィンを捉へて笑つた。」（「太陽」）にも、白い、不思議な日ざしを感じる。ギリシアの世界なんて、ほんとにあるのかどうかと思うほど、ぼくには遠いものなのに、鮮やかな色彩と形象を通して、目の前に迫るのだ。明るくて、晴れやかで、自由。日本の詩にはない世界を、詩人はこともなげに開いてみせた。「宝石の眠り」の、「夢みる／睡蓮よ／現在に／めざめるな」という詩句も印象的。現在にめざめるのは、楽しみの少ないことなのだ。ああ、なんと素晴らしい指摘。「おうや石の壁の上から／ヤツカの花茎がつき出る／過去は現在を越えて／未来につき出る／「どうしましょう」」（「えてるにたす」）。こちらも、それこそ「どうしましょう」なのだけれど、時を超える詩に、時を忘れる。

西脇順三郎の詩の特徴は、詩人らしい才覚を切り離したことだ。長編詩「旅人かへらず」は、「永遠」「永劫」「幻影」「無限」「淋しき」など、月並みな語を繰り返す。本来、詩人が使ってはならないようなことばを綴じあわせたもの。繊細な表現とは無縁。それでいて読み終えたあと、心身が一気に奪い取られる気持ちになる。詩人の条件を、すべて放り投げた。そこに空前絶後の目覚ましさがあった。

人は誰もが西脇順三郎のように、快活な詩は書けないし、純白の日々を送ることもできない。でも夢にあふれ、のびのびとして、そして徹底的な詩の存在を見せられると、さわやかな気持ちになれる。こちらにないものが、しっかりとそこにあることを知るよろこびと、幸福感につつまれながら、いつもの自分の場所に帰り着くことができる。これが、すぐれた詩の力だ。西脇順三郎の詩で、ぼくがいちばん好きなのは、「夏（失われたりんぼくの実）」。可憐で、ユーモアがあり、リズムも、かなしいほどに、楽しいのだ。「永遠」の流れを見た。そんな気持ちになる。日本には、この一編があるのだと思う。

（那珂太郎編。一九九一年、岩波文庫）

詩人と「物」

『山之口貘詩文集』

山《やま》之《の》口貘《くちばく》（一九〇三―一九六三）の詩文を収めた一冊。山之口貘は沖縄に生まれ、東京に出て、苦難のなか、多くの名詩を残した。

山之口貘をはじめて読んだのは、一〇代のときである。角川文庫の『現代詩人全集』第六巻（一九六二）に収められた「座蒲団」という詩だった。それは人間が「すわる」ということを歌っていた。しかも「すわる」ことはほんとうは楽ではないというところに焦点があるのだ。おもしろい、親しみのある詩だった。そして詩人の明確な意識が感じられた。

少しおとなになってから「夜」という詩を読むことになった。「夜」という詩は、東京で間借り生活をしている青年のことを歌ったものだ。今度おまえのところに遊びに行くよ、きっとだよ、といいながら、友だちはなかなか来ない。来てくれない。これはどうしてだろう。ひょっとしたら、自分は人間ではないのでなかろうかと思う。その結び。

大概の人生達が休息してゐる夜中である
僕は僕をかんじながら
下から照らしてゐる太陽をながめてゐるのである
とほい昼の街の風景が逆さに輝やいてゐるのをながめてゐるのである
まるい地球をながめてゐるのである

最後に出る「地球」は、作者がよく使うことば。何かあるとすぐに引き出して使いたくなることばのようだ。山之口貘の詩にはあちらこちらで「地球」が出る。その数は多い。

欲しいものは私もほんとうに欲しいのである
まつしぐらに地べたを貫いて地球の中心をめがける垂直のやうに
私の姿勢は一匹の女を狙つてゐるのである
（「青空に囲まれた地球の頂点に立つて」）

眠れないのである
土の上に胡坐をかいてゐるのである

地球の表面で尖つてゐるものはひとり僕なのである

（「立ち往生」）

どうして「地球」が山之口貘の詩にいっぱい登場するのだろうか。

彼は無一文、食べるものも満足にない、浮浪の暮らしが長くつづいた。いつも地べたの下には、いきなり「地球」を感じてしまう、そんな感覚があったのだろう。「社会」あるいは「世界」「世間」といったことばがほとんど彼の詩には出てこないので、「地球」の一語は際立つ。いずれにしてもどちらかというと、彼は語彙の少ない詩人だったのだと思う。それでいておもしろい、個性的な詩が書けた。

もうひとつ、彼がこだわりをもって使ったことばがある。「結婚」の二字だ。これはもう、たいへんな数である。そこらじゅうに出てくる。

なにしろぼくの結婚なので
さうか結婚したのかさうか
結婚したのかさうか
さうかさうかとうなづきながら
向日葵みたいに咲いた眼がある

なにしろぼくの結婚なので
（「友引の日」）

詩は僕を見ると
結婚々々と鳴きつゞけた
おもふにその頃の僕ときたら
はなはだしく結婚したくなつてゐた
言はゞ
雨に濡れた場合
風に吹かれた場合
（「結婚」）

その実人生の暦をひもとくと「結婚」は山之口貘にとっていちばんの目標であったようで、結婚さえできれば貧乏な生活からも抜け出すことができるし、精神的にも立ち直れると思ったらしい。その執着たるやものすごいものがある。

ぼくははじめてこれらの「結婚」ものを読んだとき、不思議な男がいるものだと思った。過度な幻想ではないのか。ここまで結婚にあこがれるのはどんな人だろう。顔が見たいと思ったが、なんのことはない、山之口貘はとてもいい顔をした人なのだから、いったいどうなっているのか。だが彼の詩を読んでみると、ほんとうにこの詩人は「結婚」の二字にひっぱられて生きた人であることがわかる。「結婚」という文字は「理想」や「幸福」という文字に置き換えられるみたいだ。だが山之口貘の詩においては「理想」「幸福」ではない。あくまで、ずばり「結婚」なのだ。そこがおもしろい。それは「地球」と同じだ。

彼は自己の真実を描くために、語彙を敢えて拡大しなかったのである。

もうひとつ、山之口貘にとって、たいせつなものがある。それは「詩」である。詩人にとって「詩」は、どなたにもたいせつなものであるけれど、彼はどのような地球であるか、どのような結婚であるかということについて詳しく述べ立てることがないように、「詩」についても具体的なことばを示さなかった。

もちろん詩論はいくつか残されているが、彼は「詩」という文字に向けてまっすぐに進んだ人なのだ。一本で立つ文字のように、「地球」と書き、「結婚」と書き、「詩」と書いたことになる。彼の「詩」はことばの上では、押しの一手であった。たとえどんなに繊細な詩の世界を、その詩がつくりあげたとしても、彼はこれこれ、こういう詩というものを求めつづけて書いたのではない。一直線にただの「詩」を求めつづけた。その「詩」は漠然としているのに、物体のように、はっきりした影をもつようにも感じられるのだ。

「生きる先々」という詩がある。自分には詩が要るのだ。思えばずっと詩が要るときばかりだった。ひもじいときにも、結婚のときも詩を書いた、と歌ったあと、この作品は次のように結ばれる。

ぼくの生きる先々には
詩の要るようなことばっかりで
女房までがそこにいて
すっかり詩の味おぼえたのか
このごろは酸っぱいものなどをこのんでたべたりして
僕にひとつの詩をねだるのだ
子供が出来たらまたひとつ
子供の出来た詩をひとつ

最後の二行が、いい。いい詩だと思う。詩人は、いつまでも詩を書いていなくてはならないなんて、実は決まっていないのだ。だが詩人には、現実の生活がある。結婚がある。あなたは詩を書くんだから、今度子どもができたら、また書くのよといわれることは、もしかしたら？　あるだろう。詩人の家庭では、あるかもしれない。そのときに詩を書くことは、何かの機械が動くようなものだ。山之口貘もまたこの場面では、詩を書く機械みたいなものになっている。ほほえましい。とはいえ、考えてみるとたいへんなことだ。この詩のすばらしいところは、彼がどんな詩を書くのかには触れていない点だ。ただ「詩を書く」ことにだけ触れる。これは詩人にとってとても健康的なことなのだとぼくは思いたい。そこで詩は生活に呼応する。

子供が出来たらまたひとつ
子供の出来た詩をひとつ

山之口貘はこのように、いつも詩を書いていたのだと思う。それはとてもすばらしいことだ。だって、そこにはこのように、そのように、あのように書かれた詩があるのではなく、このようにか、そのようにか、どのようにか、わからないが、ともかく詩が生まれていくという、方向だけの世界があるのだから。未来だけがあるのだから。そういう先々のかたちだけをもった詩があるのだ。このような明るさを抱いた詩は、これまでの日本にはなかったように思う。

彼は地球にせよ、結婚にせよ、そして詩にせよ、まるで物の世界を相手にするかのように向き合った。現実にはそうでもなかったろう。ウエットな場面もいっぱいあったはず。だが結婚についても、詩についても、それを歌う場所では、物体のようにはっきりしたかたちのあるもののように、見ようとした。とらえようとした。そこがユニークだ。

　目に見え、手でつかめる物のように歌うのだ。物だから、いつでも簡単に呼び出すことができる。話題にし、文句をいうこともできる。そういうことばとの生きた関係をつくりあげた。その意味で新しい詩人である。少なくとも人間を歌った詩人のなかでは、めずらしい人である。

　また、山之口貘は詩集というものをとてもたいせつに考える人だった。三五歳のときにようやく、詩集を出すことができた。夢に見た、詩集。詩「処女詩集」に描かれるように、うれしさは格別だった。詩集を出すことは、ひとつのかたちを求めることだ。真剣に求めることだ。あまりにも純粋であると、生きたものであると、かたちになってしまうのである。そこまで、心のなかのものが進んでいくのである。

　また彼はたいへんな時間をかけて、一編の詩を書いたという。それは推敲のためばかりではない。詩を書くところに、自分がいる。それ以外になにごともないところで生きていたかったのだろう。それだけに彼の詩からは、ふたつとはない詩情が炸裂し、放射する。

あゝ
呼吸するための鼻であるとは言へ
風邪ひくたんびにぐるりの文明を搔き乱し
そこに神の気配を蹴立てゝ
鼻は血みどろに
顔のまんなかにがんばつてゐた

この一節を含む「鼻のある結論」は、山之口貘の最上の作であると思う。血のにじむような、そしてどこかにひろびろとした笑顔ののぞく、楽しい、きびしい作品だ。

彼はいつまでも、詩のなかにはいっていた。詩のなかに、まるで物になったように、はいりこんだ。時のたつのを忘れる。自分の生涯を忘れる。それほどに長い時間、推敲を重ね、「またひとつ」の詩を書いた。鼻を向け、目を開けていた。

（一九九九年、講談社文芸文庫）

寺山修司の詩論

寺山修司『戦後詩――ユリシーズの不在』

『戦後詩――ユリシーズの不在』は、詩人寺山修司（一九三五―一九八三）が一九六五年、二九歳のときに書いた批評だ。紀伊國屋新書、ちくま文庫のあと、このほど講談社文芸文庫で刊行された。半世紀後のいまも、これほど魅力的な詩論は日本に現れていない。

「東京ブルース」（歌・西田佐知子）「ああ上野駅」（歌・井沢八郎）を語るだけではない。戦後詩人の「ベストセブン」に作詞家星野哲郎を挙げるなど、自在。ことばと社会をつないで、独自の批評を展開する。

たとえば「キャッチボール」の話。「ボールが互いのグローブの中でバシッと音を立てる」、あの瞬間。

「どんな素晴らしい会話でも、これほど凝縮したかたい手ごたえを味わうことはできなかったであろう」「手をはなれたボールが夕焼の空に弧をえがき、二人の不安な視線のなかをとんでゆくのを見るのは、実に人間的な伝達の比喩である」。この「実感」の復権が、戦後二〇年の日本人を支えたと。

　歴史は「帰る」ことだが、地理は「行く」ことを教える。ひとりからひとりへとひびく。その手ごたえが大切だと。「実感」論は本題の戦後詩論となると、さらに冴えわたる。たとえば、茨木のり子。「わたしが一番きれいだったとき」などの詩は、天声人語、教科書でひろまった。倫理的で、きりっとした詩は、人びとによろこばれるが、寺山修司はいう。「あまりにも社会的に有効すぎて、かえって自らのアリバイを失くしてしまっているのではないか」。吉野弘の詩「たそがれ」は、「他人の時間を耕す者」が、夜になり、自分に帰るひとときをうたうもの。これにも疑問をもつ。

〈「公生活」から解放されるという意味なのであろう。だが、「公生活」がなぜ他人の時間を耕すこととなのか？　それが私にはわかりにくい問題である。〉

　人は「全体的なパーソナリティ」で生きるべき。〈帰ろうとすれば「いつでも自分に帰れる」から詩人なのであって、それができないような「他人の時間を耕す生活」なら放棄してしまえばいいではないか〉。

　会社では、仮の姿。夜のわたしはすごいんだぞ、という人はいまも多い。人生全体の思考の場にかかわる、重要な指摘だ。「おやすみ」ばかりの詩の世界に、はじめて「おはよう」の詩をもたらした谷川俊太郎。でもその後の詩はどうか。「ことばが面白ければ面白いほど、私はなぜだか楽しめなくなってくる」。戦後詩の起点「荒地」の詩人田村隆一、黒田三郎らにも手きびしい。「自身の破滅を通してしか世界を語れなくなってしまった」。いっぽう「私は、最初から難解さを目的とした詩は好きである」と、読者を二人（澁澤龍彦、窪田般彌）に限定した（？）加藤郁乎の詩にもふれる。

こうしてみると戦後の詩は実にシンプルに、すなおに、鮮やかに人々の意識を表現したのだ。社会を知りたいときは、詩だ。ぼくも詩を読んでみようかな、と思った。

でもそれは、寺山修司の批評に魅せられたためである。田村隆一、茨木のり子、吉野弘らの詩の魅力も含め、寺山修司は、なにもかも知ったうえで書いているのだ。批判された人たちも、キャッチボールをするときのように、そのことばを受けとめたはずだ。寺山修司の批評には天才の鋭さと、すがすがしさがある。きらりとした愛情がある。

本書は「詩集」としても堪能できる。現代詩の黄金期を象徴する吉岡実の長編詩「僧侶」をはじめ、合わせて六四編の詩や詞の、全編または一部が引用されているからだ。「必らず読んで欲しい詩」と「その他」に分けている。「その他」のほうも読みたくなる。

（二〇一三年、講談社文芸文庫）

冬の虹

『久保田万太郎俳句集』

「人のうへやがてわがうへほたるかな」。久保田万太郎（一八八九―一九六三）は、東京・浅草の生まれ。家は、祖父の代より袋物製造商。小説と戯曲で多くの名作を残したが、俳句でも一家を成した。平明枯淡な句はいまも、多くの人に愛されている。本書は、九〇二句を精選した一冊。恩田侑布子編・解説。

　日本語の世界を知るうえで、久保田万太郎の句は、大切なことを教えてくれる。一部、新字で引用。

「これやこの冬三日月の鋭《と》きひかり」。「これやこの」の助走をうけた、「鋭き」という一語が、とても鮮やかに、鋭くひびく。

「神田川祭の中をながれけり」。初期の代表作。夏祭り。人が集まり活気があり、とてもにぎやか。でもそこをいつものように、神田川が静かに流れていく。この句のよさの一つは「中」にある。川は、祭りの「そば」か「わき」を流れることが多いが、ここでは祭りの「中」を流れていくのだ。それぞれの町の祭りをつなぐようにして、という情景も想像される。「中」ということばの美しさ、やわらかさ。灯《あか》りと人の輪、通りぬける川の対比も鮮やか。なんときれいな、ことばの並びだろう。この句で、日本の言語表現は尽きるのではないかと思う。

　子どもたちも楽しい。「馳《か》けだして来て子のころぶ秋の暮」。よくある、ほほえましい一瞬。「来て」が間をつくる。音数を合わせるためのようにも見えるが、駆け出した子どもの動作が「来て」によってほんの少し長引き、情景がうるおう。「雛あられ両手にうけてこぼしけり」も可憐。身近な生き物も輝く。「つけてやりし鈴ふりならす子猫かな」「叱られて目をつぶる猫春隣《はるとなり》」は猫。「迎火をみてゐる犬のおとなしき」「知らぬ犬はしりより来て秋の暮」は犬。このように詠まれると、いっそう愛らしく、いとおしく感じる。

「竹賣《たけうり》の日なたを来るやけさの冬」は、日ざしのあるところを少しでも選んで物売りが通る小景。「けさの」の置き方がいい。久保田万太郎は、常時超絶の才能を発揮するという人ではなかった。だが語の選択には格別の注意が払われた。「中」「けさの」などはほんの一例。真新しいことばを加えるのではない。どんなに地味なものであっても、いつもの日本語のなかにあるものを、そのままに生かしていく。それが句を揺るぎないものにしたのだと思う。

「水引のうまくむすべて小春かな」「小説も下手炭をつぐことも下手」。水引はなんとかなるけれど、自分の小説には不満があったらしい。「小説は書けねど百合の咲きにけり」の前書に、〈〝改造〟のために〝市井人〟執筆〉とある。この「市井人」（一九四九）は、「改造」に発表した回想風の小説。関東大震災前後、俳諧の師である堀蓬里《ほうり》と、語り手の学生を含めた人びととの交友を描いたものだ。「市井人」と「風流人」の対照も興味深い。その続編となる「うしろかげ」（一九五〇）もいい。先生、雑誌に書く前に、「どうして、最初に」、まずわれわれに話して、「よろこばして下さらなかったんです？」という、弟子たちの姿など心に残る。

堀蓬里の、文章の一節。〈過去の春秋を探るもよし、現在の苦悩を残すもよし、ともかくも一句を得んとする瞬間のみに「安らかさ」が匂う〉。これは生涯変わることのない久保田万太郎の姿勢でもあったのだろう。「煮大根を煮かへす孤独地獄なれ」「いまは亡き人とふたりや冬籠《ふゆごもり》」「わが胸にすむ人ひとり冬の梅」。家庭的には不幸な人だっただけに、句を詠むときは安らぎ、心の里に帰ることができたのだと思う。「冬の虹湖の底へと退《しさ》りけり」「湯豆腐やいのちのはてのうすあかり」は、晩年の作。絶唱である。

飾らず、高ぶらず、日々の感興をつづった。生まれ、学び、師を敬い、季節に心を合わせ、楽しい友人を得、恋をし、家の中と外を知り、犬や猫といっしょの地面に立って、町を歩き、そして愛する人を亡くし、あとはひそかに、老いていく。下町を舞台に、大きくはないが、小さくもない典型的な日本人の暮らしを映し出した。かけがえのない経験を記す日本語のありかたを思いつづけた。特殊な、人と人を分けへだてる、冷たいものではなく、気持ちが存分に生きる、あたたかみのあることばを、久保田万太郎は探し求めた。

「したゝかに水をうちたる夕ざくら」「ぬけうらを抜けうらをゆく日傘かな」「あきかぜのふきぬけゆくや人の中」。これらもみな、久保田万太郎の句だ。日本の春秋のすべてが見えるような気持ちになる。近代の散文が、ほんとうはもっと心をこめて描きたかったことの多くを、久保田万太郎は句のなかに表した。

「夏じほの音たかく訃のいたりけり」。夏のさかりに、大切に思う人の訃報が届く。潮の音の高まり、人が去る寂しさ。この明暗のコントラストは、予期しないときに人が亡くなることの、ことばを通した知らせでもあるだろう。久保田万太郎の句は、人から人への知らせのように、後代に伝えられていく。詩歌の真髄を示す一冊。

（恩田侑布子編。二〇二一年、岩波文庫）

流れは動く

『西東三鬼全句集』

水枕ガバリと寒い海がある　西東三鬼

『西東三鬼全句集』（角川ソフィア文庫・二〇一七）は、現代俳句の鬼才西東三鬼《さいとうさんき》（一九〇〇－一九六二）のすべての句を収める。全句集の文庫では『西東三鬼句集』（角川文庫・一九六五）、『現代俳句の世界9　西東三鬼集』（朝日文庫・一九八四）以来の刊行。

西東三鬼は、岡山県津山市生まれ。シンガポールと東京で歯科医を開業。東京・神田の共立病院歯科部長のとき、患者を通して俳句を知る。そのとき三三歳だから出発はおそい。一九四〇年、「水枕」の句を収めた第一句集『旗』で新興俳句の旗手となるが、戦争批判の作品で検挙された（京大俳句事件）。戦後は山口誓子主宰「天狼」を支え、俳句革新に力を尽くす。根っからの自由人。大胆な発想。尖鋭な感性。多くの名句が生まれる。

名句、代表句は、後世の人が見定めるもの。一般的には山本健吉『現代俳句』（角川新書・一九五一―一九五二、角川文庫・一九六四）や、各社・文学辞典「西東三鬼」の記載が一応の基準となる。『夜の桃』（一九四八）の代表句は、

おそるべき君等の乳房夏来《きた》る

中年や遠くみのれる夜の桃

だろう。二句は同時期の作。「恋猫と語る女は憎むべし」「人の影わらひ動けり梅雨の家」「顔みつつ梅雨の鏡の中通る」のあとに「おそるべき」乳房が来て、「茄子《なす》畑老いし従兄《いとこ》とうづくまり」につづく。そのあとに「中年や」が現れる。掲載順が制作順とは限らないとしても、どのような流れで生まれ、動き出すのか。どのように流れは動くのか。全句集はそれを知る絶好の機会だ。

みな大き袋を負へり雁渡る

は、終戦直後の庶民風景を象徴する名句だ。みな、大き、袋、などの単純で平凡な語のつらなりが風景をつくり、鮮やかな映像となって目に迫る。「おそるべき」才能というしかない。ことばがいつ、どのようにつながるときに、これまでにない新しさ、美しさが現れるのか。「みな大き」の引きしまったことばが、無言のまま知らせる。現代詩歌の代表作の一つである。

さて前後を見ると、秋の句を始めたあと「秋の暮彼小さし我小さからむ」の少しあとに、

この「みな大き」が登場。「小さし」の対照で「大き」が出たと思われるが、「みな大き」には突然現れるときの静けさがある。興趣は尽きない。同じ『夜の桃』。「枯蓮のうごく時きてみなうごく」「露人ワシコフ叫びて石榴《ざくろ》打ち落す」の二つは、ぴたり隣接。「枯蓮」の自然な動きと「露人」の意識的な動作の対照。「自句自解」によると、ワシコフ氏は、戦時中、神戸の洋館に住んだときの「私の隣人」で、白系ロシア人。さほど親しい人ではない人の「一瞬」が発火点となる面白さ。少しあとの、絶唱というべき「限りなく降る雪何をもたらすや」には、ワシコフ氏のことが何らかの影を落としているかもしれない。最後の句集『変身』（一九六二）の、

　秋の暮大魚の骨を海が引く

は、「鳶ちぎれ飛ぶ逆撫での野分山」の少しあとに現れる。「鳶ちぎれ飛ぶ」の烈しさが「大魚の骨」を強く引き出したかに見える。他にも「緑蔭に三人の老婆わらへりき」（『旗』）、「炎天の犬捕り低く唄ひ出す」（『今日』一九五二）、さらに「拾遺」編には、多くの人が話題にする「広島や卵食ふ時口ひらく」（一九四六・連作「有名なる街」）がある。際立つ句が次々に見つかる。前後の句がとけあって、別の新しい景色が生まれることもある。人の視界を大きく開く。そんな作品を西東三鬼は書いた。

（二〇一七年、角川ソフィア文庫）

誰よりも早い声

斎藤隆夫『回顧七十年』

斎藤隆夫（一八七〇―一九四九）の自叙伝『回顧七十年』（中公文庫）の新版が出た。

著者は明治憲法下に生きたが、その政治哲学は今日も強烈な印象を残す。

兵庫・出石《いずし》の農家の生まれ。東京専門学校を出て弁護士になったあとアメリカのエール大学に留学。明治四五年、国民党から立候補、初当選（当選一三回）。著者は子ども時代、英語の勉強、次々愛児を亡くす悲しみ、関東大震災、政界の情勢を淡々とつづる。

法制局長官になったとき。「生家に立ち寄り墓参をなし、氏神に詣り観音堂にて村の人々の質朴なる歓迎を受け、少年の頃通学したる福住小学校その他数か所の歓迎会にも臨みて豊岡に引っ返し、ここにても同志の歓迎会に出席し、夜に入りてから城崎《きのさき》に帰宿した。この日は一生の思い出である」。なぜ政治家をめざしたかは書かれていない。政治家として「した」こと、「見た」ことが中心。他には熱意がない。ほんとうの自伝とは、このように簡素なものなのだ。世の自伝とは別もの。目の覚める思いがする。

小柄。印象も地味。だが戦争前夜、戦争期を通し、軍部と正面からたたかった、ただひとりの政治家だった。誰にもできないことをした特別な人だ。本書は斎藤隆夫の名高い二つの演説を「全文」収録。

二・二六事件直後の昭和一一年五月、衆議院本会議での「粛軍に関する質問演説」。斎藤隆夫は、軍部の政治介入を批判、「国民の忍耐力には限りがあります」「何となくある威力によって国民の自由が弾圧せらるがごとき傾向を見るのは、国家の将来にとってまことに憂うべきこと」。一時間二五分に及ぶ大演説。嵐のような拍手に包まれた。「斎藤氏熱火の大論陣、国民の総意を代表」（東京日日）「衆議院に深刻なる感銘」（大阪朝日）「軍人の政治運動は危険、斎藤氏の舌鋒鋭し」（大阪毎日）「正に身を以て言論自由の範を垂れた」（読売新聞）。

四年後の昭和一五年二月、「支那事変処理に関する質問演説」では日中戦争への疑問を表明、侵略戦争の本質を衝く。「聖戦の美名に隠れて、国民的犠牲を閑却し、曰《いわ》く国際正義、曰く道義外交、曰く共存共栄、曰く世界の平和、かくのごとき雲を掴むような文字を列《なら》べ立てて、そうして千載一遇の機会を逸し、国家百年の大計を誤るようなことがありましたならば、現在の政治家は死してもその罪を滅ぼすことは出来ない」。一時間半の演説。

このときも拍手が起こったものの、「議場には何となく不安の空気が漂うているように感ぜられた」。軍部は「聖戦」を冒瀆するものとし、政府に圧力。斎藤隆夫は議員を除名された。このあと日本は太平洋戦争へと突き進む。

斎藤隆夫のことばをもっと多くの人が受けとめていたら、そのあとの日本の姿は不幸なものにならなかったかもしれない。一国の命運がかかる演説だった。

斎藤隆夫の演説は論理的であるだけでなく、いちばん大切なことを誰よりも早くことばにするところにいのちがある。このような理性と気概はそのあと、どの世界でも失われたものだと思われる。斎藤隆夫は、当時の社会・国家体制を信じた。本義を守り国情に合わせて改正を加えていけば危険なことにはならないという考えである。だがそうした背景を超えて、そのことばはいまも胸に迫る。

議会政治の力を思い知った。この回顧録には、当時の文学・思想界を席巻した左翼の動静は全くといっていいほど出てこない。議会への通路について考えをもたない反戦思想、プロレタリア文学は、現実とは別の世界に置かれていたことになる。議会政治が政治のすべてではない。だが議場の外側での動きは、どのようによいものであっても力とはなりえないのだ。そのことを忘れてはならないと感じた。

（一九八七年、二〇一四年改版、中公文庫）

正宗白鳥の筆鋒

正宗白鳥『白鳥評論』

文芸批評の先覚、正宗白鳥（一八七九―一九六二）の主要作三五編を、坪内祐三が選んだ。題して、『白鳥評論』（講談社文芸文庫）。どこを開いても、感興のある一冊だ。広津柳浪「黒蜥蜴《くろとかげ》」、小杉天外「陣笠」、加能作次郎「世の中へ」、小山内薫「西山物語」など昔の作品がつぎつぎに登場。あらすじも書かず、これはいい、あれはどうもと記す。知らない読者はまごつくが、手がかりのないものにも感じとれることはある。それが本来の読書の姿だろう。一場面だけでもいい。そのまわりに何があるかなど考えずに読んでみたい。「島崎藤村の文学」の一節。

「藤村氏は、簡素な生活に、味わいの深そうな意味を見つけて、それを尊いように取り扱っていた。」

この「深そうな意味」は「深い意味」とは、少しばかりちがう。「尊いように」は「尊いものとして」などではない。こまかいところにも批評の意識がみてとれる。人の心にはこのような区別を必要とするものがある。この一節にとどまり、あれこれを思って何時間かを過ごす人もいるはず。こういう文章を文章というのだろう。

次は「岩野泡鳴」より。泡鳴は、樺太でのカニの缶詰製造業も失敗。気が多く、思慮が浅い人。〈「詰まらん坊」（近松秋江の泡鳴評）とも思われる所以で、含蓄を志している藤村氏と非常に異なっているのである〉。この「含蓄」に「志している」を添えるのもおもしろい。

このあと正宗白鳥は、「漱石作中の会話が巧みであるとともに、作られたわざとらしさと、もどかしさを感じさせる」のとは異なり、泡鳴の会話には妙味があると記す。泡鳴の作品は「芸術として欠点だらけであるにしろ、人を動かす力は、明治文学中の何人《なんぴと》にも劣らない」。ぼくが思い出すのは、泡鳴五部作のひとつ「憑き物」。好きでもない女といっしょに、札幌の豊平川の鉄橋から落ちて死のうとするが、川床の根雪に当たって失敗。櫛《くし》を落とした女は、安物の櫛なのに、男に「探して来い！」と叫ぶ。心中を図った人とも思えない会話だ。これが泡鳴の真骨頂。

さて、いま引いた正宗白鳥の文には作者名、作品の外形が示されるだけで、小説の技術的な批評はほとんどない。なのに、これだけの一節で藤村、漱石、秋江（泡鳴を「詰まらん坊」といいきる表現もみごと)、泡鳴の姿、生き方が眼前に躍り出る。簡潔な表現が、人生の風景へとみちびくのだ。

主人公の名前も、あらすじも書く必要はない。目の前の人に話すように書く。それが正宗白鳥の批評の基本姿勢だ。今日の批評家は長い文章を書く。知識、情報、解釈。それらしく見えるけれど、よく見ると、実は何ひとつ書かれていないことが多い。ほんとうの批評は少しのことばで十分だ。その一点でも「白鳥評論」にまさるものはないように思う。

ふと思い出したというふうにつづるときも、いいことばがある。たとえば、さきほどの「島崎藤村の文学」のなかで——。徳田秋声「足迹《あしあと》」、藤村「春」など、大衆性はなくても、明治文学史に光を放つ長編の多くは新聞に連載されたものであり、「当時の新聞は、自分で意識しないうちに」文化に貢献したと、正宗白鳥は振り返る。

「大上段に大刀を振り翳《かざ》している時には、案外、内容のある何をもし遂げていないので、黙っていて、自分でも気の付かない間に、意義ある実蹟を残していることが、世間によく有り得るのである」。いい見方だ。読む人のそれぞれの場所に、かかわる。ひびく。そういう文章を正宗白鳥は書いた。

（坪内祐三選。二〇一五年、講談社文芸文庫）

金柑の声

薄田泣菫『独楽園』

薄田泣菫《すすきだきゅうきん》（一八七七―一九四五）の随想集『独楽園』（ウェッジ文庫）には、「早春の一日」「新蟬の言葉」「青柚子《ゆず》」「蓑虫」「ざぼん」「白魚」など四四編がおさまる。身近な自然を味わい、小さな生き物たちと親しむ。どの文章にもあたたかみがある。初刊は、一九三四年（昭和九年）。

薄田泣菫は、明治後期を代表する詩人。島崎藤村のあとの、日本の詩をになった。この時期は詩の流れがはやく、競争も激しい。詩の世界の中心にいたのは、一〇年ほど。そのあと随想に転じ、人間観察のコラム集『茶話』では、多くの読者を魅了した。

四〇歳のころパーキンソン病を発症、手足の動きが不自由に。それ以降の随想集は、この『独楽園』もふくめて、口述筆記による。「いつも家の中にのみ閉ぢ籠つて、門外へは一歩も踏み出したことのない私」は、「ただ庭つづきの猫の額ほどの圃を幾度か往き戻りしながら、あたりをじつと見まもるまでのことだ」（「春の賦」）。限られた視界。進行する病。それでも文章は生まれた。見えるところをてがかりに世界を見つめた。

ある日、「あそこで金柑《きんかん》が泣いてゐら」という雀のことば（さえずり）に、「私」は答える。泣いてもおかしくない、だって金柑は「子供なんだもの」と。そしてこう書く。

「久しい間人生と運命との間に戦ひ馴らされて来た、天空海闊《かいかつ》の大きな気象をもつたものにも、どうかすると、老年になつてまでも、幼い少年のころの無邪気な感情の傾き、小さな好き嫌ひといつたやうなものをすつかりは離れきれないのがあるやうに、自然はあの大きなうちむらさきや、怪奇な仏手柑《ぶしゅかん》では、どうしても表現し得られない、けちで、稚拙な生命と、その幻想とを持つてゐる。それが結実し、黄熟したのが、あの金柑の小坊主なのだ。」

「成長と変化とのない生涯の寂しさ。

それゆゑにこそ、金柑は泣いてゐるのだ。」（「金柑の童心」）

ぼくは金柑が見たくなった。スーパーへ走り、金柑（ちなみに、南さつまの金柑）を買ってみた。三〇グラム、直径三センチほど。たしかに小さい。これ以上大きくならないようだ。食べると、とても、おいしい。というわけで、ぼくはこの一文に、かじりつくことになった。

動物や植物と心を合わせるのは、著者の随想の特色だが、金柑の寂しさを語るというのに文章は明るい。光がある。だからぼくも金柑に会いたくなったのだと思う。

さて。「久しい間」から「大きな気象」あたりまでは文学的な文章。そのあとの「うちむらさき（内紫・ザボンの変種）」「仏手柑」は、果実の比較。泣菫の随想にはこうした比較がとても多い。限られた視界で、観察をかさねたしるしだ。ぼくがおどろくのは「金柑が泣いてゐら」とか「子供なんだもの」ということばだ。

薄田泣菫の詩は、「ああ、大和にしあらましかば、／いま神無月《かみなづき》、／うは葉散り透く神無《かみな》備《び》の森の小路を、」（詩集『白羊宮』一九〇六）というように、雅語と古語の織物である（いま読むと空疎だが当時は詩語の選択が詩のすべて）。もし詩をやめずに書いていても、こんな詩だったはず。詩が書けなくなったということは、そのあと書いてもそれまでと同じものを書く力しかないということなのだから。それはともかく、薄田泣菫の一日には「子供なんだもの」というような、くつろいだことばもあるのに、詩ではそれを隠していたことになる。この矛盾に、あらためてぼくはおどろく。

では「蓑虫」はどうか。「葉づくなになつた桜の小枝にとりすがり、ひよくりひよくりとしきりに頭をふつてゐるものがある」。この蓑虫の、かわいいこと。蓑虫だけではなく、出てくるものはみな、いきいきとして、かわいらしい。でも泣菫は、これを詩にするときは別人になり、よそゆきのことばで表現したはず。どちらの泣菫が、ほんとうなのか。のびやかで、自由な文章のほうを、多くの人は愛するだろう。親しみを感じるだろう。

　薄田泣菫はいう。「私達の魂の故郷は静寂の国である。魂の孕むすべての美しいものは、この寂しさから生れ出て来るのだ」（「静寂と雑音」）。自然の小さな変化を観察するだけではない。ときには生き物たちととけあうようにして生きていく姿に、ぼくはふかい感動をおぼえた。静かな心の世界をあらわすには、これ以上望めないほどに澄み切った文章にも。だがそのために、彼がほんとうに何を思っていたかはよく見えない。あらわれてこない。

　随想はいまの自分を肯定し、安らぎを得ようとするもの。過去の一〇年、急流に身を置くかのような詩作の経過や矛盾の傷口にふれるほど、直接的なもの、すなおなものではない。随想には他のジャンルにあるような競争もない。その人が選んだ最初の書き方を、長い間つづけることができる。エッセイと名を変えたいまも、そのことにあまり変わりはない。「静寂」のなかで、いくつかのことを消していく。見失う。そこに随想の性格と役割があるのだろう。薄田泣菫の随想を読んで、そう思った。

（二〇〇九年、ウェッジ文庫）

第一印象の文学

中村武羅夫『現代文士廿八人』

中村武羅夫《むらお》（一八八六―一九四九）の『現代文士廿八人《にじゅうはちにん》』は、明治の文学者の素顔を伝える貴重な著作だ。著者は二〇、二一歳のころに書いた。

中村武羅夫は、北海道・空知の開拓農民の家に生まれた。代用教員のあと上京し、文芸誌「新潮」をてつだう。一九〇八年（明治四一年）から訪問記者として「廿八人」の文士を訪ね、その〈初対面〉の率直な印象を「新潮」に連載（筆名・王春嶺）。最年長は内藤鳴雪（六一歳）、最年少は片上天弦（二四歳）。以下参考のために、掲載時の文士の年齢、作品の状況などを記してみる。

夏目漱石（四一歳／『それから』の一年前）。漱石を訪ねたのは、夕方六時ごろ。「初秋の日はすでに暗かった」。漱石はどんな人か。「実に気取った、剛岸《ごうがん》な、己れを高しとした、見るから小癪《こしゃく》に触る人」と思っていたが、会ってみると「至って話が聞きやすい」「目は絶えず相手を見て、始終にこにこしながら」「お世辞も言わず、愛嬌もなくして、それで接した感じが好《よ》いのだから妙だ」「腹のむしゃくしゃしたり、気の苛《いら》つくときには、こういう人のところへ来ればよいと思った」。漱石は青年の「こころ」をとらえた。

国木田独歩（三六歳／掲載四か月後亡くなる）。「一目見て自分は独歩氏の人物とその作品が一致しているのに驚いた」「一分の隙もない締りのある態度で」、洋服も「身体にキッシリ合って、身内にはその溢れるような生気が、破れるまでに緊張している」と観察。

「その性質は極端から極端に走って、とても中庸などの保てる人ではないらしい」。

与謝野晶子（二九歳／『みだれ髪』から七年）。会ったのは一〇分間。「きわめて無雑作な風采で、髪なども、後ろの方に束ねて、そそけていた」「言葉はねちねちした切れの悪い調子」「天才的のところが少しも見えない」「世帯やつれた姿《なり》も振りもかまわない世話女房である」。「平凡の婦人の務むべき主婦の務めに服しておられるのを見て」「人間の約束を悲しみ、天才そのもののためにその悲惨を嘆じた」。当時はこんな見方もあったのだ。

正宗白鳥（二九歳／『何処《どこ》へ』の翌年、『入江のほとり』の六年前）。「対談していても、少しの変化もない」「白鳥氏は冷笑以外に、情の働きのない人だ」「どうしてこの人に優しいところ、温かいところがあろう」「こういう人は、生きたいこともなければ、また、死にたいこともないであろう」。もし「入江のほとり」を読んでいたら、感想はちがったことだろう。

島崎藤村（三七歳／名作『破戒』から三年）。浅草新片町の島崎藤村を訪ねた。「室はきわめて質素な八畳である。文壇の大家の書斎としては、まことにお粗末な室」。人柄はどうか。「まだ見ぬ以前嫌いであった」「ところが、最初会って後は、なおさらに嫌いになった」「わざとらしい謙遜で厭みだ。いま少しさっぱりとした態度になれぬものか」。三度目か四度目に会ったとき、「この日からまったく藤村氏を好きになってしまった」。好きになったきっかけは何か。文章からはよく見えないけれど、それも心にのこる。

併録「如何にして文壇の人となりし乎《か》」は、一四人の文士の談話を著者がまとめたもの。当時の文士の多くは、自分はまだ文壇に出ているとはいえないということわりを入れながら、静かに来し方を話す。

目の見えない父親を思いながら「新しき光のあるところへ行きたい」と語る秋田雨雀（二六歳・デビュー直後）、「文学者となって一生を送るのが、なんとなく物足りない」という近松秋江（三二歳・『黒髪』まであと一四年）をはじめ、印象的な談話が多い。一家を成した人も新進の人も、自分に正直に生きている。明治文学の姿を映し出す一冊。

（二〇一八年、講談社文芸文庫）

本が心になるまで

幸田文『包む――現代日本のエッセイ』

幸田文（一九〇四―一九九〇）の随筆集『包む』は一九五六年（昭和三一年）に出たから、五〇代はじめの書き物ということになる。今から四〇年ほど前の文章の姿は、いまの読者にどんなことを感じさせるだろう。ぼくはといえば幸田作品のいい読者ではないし、その人となりについてもさほど知らないまま、折々に読んできたのだけれど、その文章に触れるたびにここちよい感動を味わってきた。

随筆は、日本人が古来、得意とするジャンルだが、中学、高校時代に読まされる著名な随筆家の作品は、ぼくがぼんやりしていたせいもあって、どこがいいのかわからなかった。随筆の醍醐味を感じとるのは、やはりある程度としをとらなくてはならないのだろうか。ぼくもそれからとしをとっていったけれど、随筆のよさを理解したとはいいがたい。それでもその世界について語ってみたい気持ちになるのだ。

随筆というものについてはいろんな見方があるが、ひとことでいうと、文章そのものを味わうことに尽きるのかもしれない。もちろん随筆のなかには、知識がおりこまれていなくてはならない。思考ものぞかせなくてはならない。さらにその人の風格がただよってこなくてはならない。そしてそのうえでの話だが、読者が気軽に読めて楽しめる雰囲気のものであってほしいのだ。

これらは読者の側からの希望であるのだが、書く当人にとってはかなりむずかしい注文ということになる。希望のひとつひとつをみたしながら、それを文章のなかで示してみせることになるのだから。

随筆はいつも読者の目に見張られているわけなのである。その読者の注文の性格にも時代の変化が現れる。いまは随筆ということばにかわって、エッセイが登場した。エッセイというのは、随筆とは少しちがうように思われるものの、共通する点がある。それはまず、作者が自分の専門のことではなく、そこから離れて、いろんなことについて自由に語るという姿勢である。いちばん得意なところを語ってみせるのではなく普段知らないところにも分け入って自分の感想を述べるということだ。

小説家は、詩について書く。歌人は社会について語る。科学者が世間について語る。建築家は農村を語る。そういうひろがりが求められる。ぼくはいつも一日じゅう、家のなかにいますが、宇宙について書いてもいいですか？　ああ、いいですよ。ぼくは犬が好きですが、牛について書いてもいいですか？　ええ、いいですよ。

本来、随筆には、そういうことが期待された。つまり自分の場所にいて動くつもりのなかった人が、そこから外へ出て、人間の社会のひろさに触れる。文章を書く人なら、自分の文章ばかりでなく、人生の気分まで変える。それで幅が出て、一段おとなになる機会を与えられる。それが随筆というものの重要な働きのひとつかもしれない。つまりそれは文章というものが、何かにとどまるのではなく、生きて、流れるものだからだ。生きて、流れるため、あれこれをめぐるために、文章はつづられていくのである。随筆は、文章が生きる姿そのものを表すものだということになる。

この『包む』では、そうした文章の姿を見ることができる。

たとえば、「道ばた」という作品。幸田さんの茶の間と、そこから見える往来とがつながる話だ。

茶の間は六尺ほどひっこんでいるだけなので、外の物音や人の声がとてもよく聞こえてしまうという。「眼だの耳だのが往来の物事のところへついて行ってしまう」のだそうである。はあ、なるほど。さて幸田さんは、往来の砂利道を観察する。その観察が細かくて、おもしろい。簡単にまとめるとこうだ。

荷車が通る。そのたびに小さな石が、はねられてしまう。小石は地面に押し込められたのだろうが、その周辺の砂は、どこへ行ったのか、と考える。そこがはじまりだ。文章というもののはじまりである。

「まさか車の重さで土が消滅するわけもなかろうから、砂利が押しこんだ分だけの土はどこかへうまく融通されたものと見える。余地というものかとおもう。」

　ぼくも常識を超えて楽しむ観察は日頃から好きだけれど、ここまではいかない。と思ったら感心すべきは、次の場面にあった。幸田さんは、今度は実地に往来へ出て、砂利のようすを見たらしいのである。それでわかったことは、砂利はたしかに動いていない。車に押しこめられたままだ。でもそのままいつまでも埋まっているとは、思えない。雨も降る、風も吹く。そのうちに何かの拍子で外に飛び出すこともあるはずだ、とする。現にその石を翌日見ると、半分浮き出していたこともあったそうだ。もちろんさっきの石がその石であるかどうかは、区別がつきにくいとは述べているけれど、ずいぶん粘りづよい観察である。随筆のズィというのは、随分のズィなのだろうか。ともかく幸田さんは、往来には「見ばえがしないくせに気をひくものがころがっている」ものだと書いて、文章のなかばを結ぶ。

「むしん」という作品には、「私の家はどことなく口を明いてるような顔つきの家である」という、自己紹介ならぬ自家紹介の一節がある。往来から飛び込んでくる人たちの話である。

なんだか正体のわからない人がよく、お宅を無心におとずれたそうだ。口の明いている家だからだろうが、そうでなくてもひと頃までは、そういう人が世間にもよくいたものである。作者はそうした人のことを「あまり感心しない人」と一応つめたく言い放っているけれど、それでもことの流れに従う作者は、その「あまり感心しない人」からも、人としてもらいうけるものがある、というようなことを書いている。というのは、その男にいくばくかのお金を渡したあと、見送るという気持ちでもなく、ぼんやりと、その男が帰る後ろ姿を見ていたそうだ。すると男は、少し歩いたところで、急に振り返り、暗がりのなかでこちらの家の方向に一礼した、というのだ。それはなんのためのお辞儀なのか、はかりかねるとしながらも、幸田さんはそれからというもの、玄関から人を見送るときに、注意を払うようになったらしい。「少なくもどっちへ行くかぐらいは知りたいのである」。

こうした文章を読んで、感じることは、文章のなかに登場するところの、読者にとっても見ず知らずの市井の人たちが、とても輝いていることだ。彼らの生きているようすを、こちらもくっきりと思い描くことができる。その人たちの呼吸さえ間近に感じることができる。おそらくは、ほんとうのところは、どんな人だって、「あまり感心しない人」だって、そのままでも、人間である限りは人の気持ちを引くことのできるものを持っているのだ。だが、自分の文章の世界や個人的な価値観をつい優先させてしまう、通常の創作のなかでは、そうしたありのままの人間の輝きやいとおしさを見逃してしまうのだ。

　幸田文の文章は、こうしてみると、往来すなわち社会とのかかわりを通じてみがかれたものであることがわかる。その往来のなかには当然、さまざまな人たちの姿が、ありのままのかたちで含まれているのだ。生きた色で、描かれているのである。それは文章の理想的な姿でもあると思う。

　がらりと話は変わるけれども、ぼくが、この間ある会社へ行ったら、こんな話を社員がしていた。

　この会社は、会社をやめた人間（円満退社）にはとても冷たい、というのである。その人がいうまでもなく、ぼくは以前からそんな空気をその会社に感じていた。そのオフィスにはその会社をやめた人も仕事の関係でよく来る。ところがほんのあいさつていどで、そそくさと姿を消してしまうことが多い。さきほどの小石のように。もうちょっといてもいいのに、と思うのに。社員のほうもとても冷たい。もちろん会社をやめた人がのこのこもとの会社をおとずれることはそれこそ、あまり感心しないことかもしれない。世間とはそういうものである。でもぼくの印象ではそこの空気は世間並ではないのだ。伝統的にその傾向が強いように思うのだ。というのは、自分の会社のそうした傾向というか性格について、あからさまに言っていい空気がある、ということが、ぼくにはちょっとこたえたのだ。それが事実だとしても、他人を前にしたならそこにはそれなりの言い方がある。だがことばも選ばないで、あからさまに述べていると、会社じたいの話ではなく、その人までが冷たいものになってしまうような気持ちがしたからだ。

もちろんこんなことは誰にも、どこにでもある話である。ぼくもまた、ちがう場面でそういうことをしているだろう。でも、ぼくは以前からこういうことに敏感になっていた。会社とはなんだろう。いや、会社をやめた人間というのは、どこをさまようのだろう。どういうふうにその、もといた会社を感じるのだろうと。実にばかげた疑問かもしれない。が、それは実に答えるにむずかしいことである。それは人間という生き物の哀しさにふれることがらだからである。

だから「包む」という文章には、おどろいた。そこには会社をやめた人間の微妙な気持ち、もとの会社に寄せる、複雑な気持ちがとても繊細に描かれているからだ。

ある店につとめたが、不愉快な事情でそこを出た男の人が、幸田さんを訪ねてきた。そのときの手みやげが、かつてつとめ、いまは代がわりした店が売っているお菓子だったのである。包み紙はそっくり昔どおりだった。わざわざやめた店へ行き、物を買ってくるその人の心は、たしかにはかりかねるものである。その人は次のように、買ったときのようすを語ったという。

「店員も昔とは待遇が大ぶ違っているようです。しかし折を包装紙で包む手順などは一々普通りです。見ていて思わず、あゝしてこうしてと心のなかの手がいっしょになって動きました。そして、毎度ありがとうございますと云われて、その包みを取ってうしろを向いたらとたんに、……変なものです。ああ、これは解けて行くなという気がしたんです。怨みも忘れたとおもっているのですから、自分でも矛盾したふしぎな気もちでしたが、とにかく霜や氷が解けて行くあの感じだったのです。道々考えてみれば、やっぱり解けたとおもうからには凍りついていたものがあるしるしで、おもえば何も云うまいとしてきたことが、それが凍りつきだったのかもしれません。」

かつてのつとめ先を訪ねた人の、心の動きが鮮明に語られている。その話を踏まえて、作者は次のようにつづる。

「――私はこの人が、霜や氷が解ける解けかたに感じているのが、聴いていて何とも云えずおもしろかった。実際かれにとっては、解けて流れてとゞめなくなったという意味が切実だったのだろうが、私には包むと解けるとであって、解けてのち本来のものがそこに在るということに受けとれていたからである。包んだりっぱさと、しんに触れた嬉しさとは、いずれをより快いとも云いがたいが、どちらかと云えば、私には心に触れた嬉しさが特別なのである。」

ぼくはもちろん会社をやめた人間の気持ちの典型をここに見るつもりはない。また、ぼくのささやかな疑問が解けたというつもりもない。幸田文の文章は、そうした実利的な回答の方角からもっとも遠いものだ。だが、人は誰もが、ほんのわずかなひとときの心の痛みを抱えて生きていくことに変わりはない。文章はそこに光を届けている。

そしてついでのことにぼくがおどろくのは（それもまた幸田文の文章世界のできごととはいえ）、この男性が胸のうちを明かすそのことばが、繊細であり、内容をもっていることである。こうした場面で、自分の胸中をこのように明確なことばで表せることに、ぼくはやはり感動してしまうのだ。

かつての人たちは、この例からさほど離れたところにいたわけではないだろう。誰もがまるで、随筆をつづるような精神生活を、それぞれにもっていたということになるだろうか。いや、いまだって人間に悩みがある限り、誰もができごとも、心の経験もゆたかに持ち合わせているはずである。だが、いまはそれを指し示す文学のことばをさほど知らないために、自分自身の心や気持ちをまずしいものに感じて、すませているのかもしれない。

幸田文の文章が先を競うようにして、いまの人たちに読まれるようになった。『崩れ』

『木』『台所のおと』『季節のかたみ』『雀の手帖』そして『ちぎれ雲』と、次々に作品がまとめられている。そして本というよりも、ひとつの心を抱えるようなようすで受けとめられているのはうれしいことだ。その背景には、暮らしと自然、そして自分の心のなかのできごとを観察するいとまも、表現するゆとりもないまま過ごしてきた人々のさびしい思いがあるのかもしれない。

幸田文の描く世界はたしかにかつての時代のものである。だがその人間観察のきびしさと謙虚さのなかに、人びとが置き忘れた、心と眼の能力を感じとることができる。でもひとまずは、近くの小石を見つめてみよう。

（一九九四年、講談社文芸文庫）

紅い花

武田百合子『富士日記 新版』上・中・下

武田百合子（一九二五―一九九三）の『富士日記』は、日本の日記文学に新境地をひらいた。夫は作家、武田泰淳。自宅は東京。夫妻と長女・花子の三人は、週の半分を富士山麓の山荘（山梨県鳴沢村字富士山）で過ごす。日記は一九六四年七月（著者三八歳）から一九七六年九月まで。日記帳は家の奥に眠っていたが、編集者のすすめで「海」に連載。一九七七年の初版以来、読者を魅了した。本書『富士日記 新版』上・中・下（中公文庫・二〇一九）は、同文庫の新版。

朝夕の自然の変化と、一家の暮らしのようすを、ほぼ毎日つけた。簡潔に、自在に。以下は、その日の一部分。日付などは省略する。

欠かさないのは、何を食べたか。「朝　ごはん、コロッケ、さといもとわかめ味噌汁、にしん粕漬。／昼　うどんバター炒め（コンビーフと玉ねぎ入り）、おから煮付。／夜お雑煮、ししゃもを焼く」。夏の日。「庭に咲いている花。／イボタの木の白い花、富士桜の黒い珠、ノバラ（日陰のはいま満開）、アザミの花、紅い、こでまりに似た花、山おだまきの花」。リズムもきれいだ。月江寺にて。〈あちこちの電柱に「女プロレス来る!!」のポスターが貼ってある。それは九月七日にやる〉。「九月七日にやる」とは、なんとも端的な表現。目に残る。

工事の人、近所の人との交流も記す。動物のことも。ネズミの毒餌を皿に入れたら、なくなっている。すべて麦わら帽子のつばの上に移してある。「私にはネズミの気持が判らない」。ある日、ウリばかり食べて下痢。（夫に）〈「うんこビリビリよ」と言うと「俺は病気の女は大キライ」と言う。憎たらし〉。夫が、自分の出たテレビ「仏陀の思想」を見るといいつつ寝てしまう。「代りに私がみていた」。妙におもしろい。

松田ランドに新品のステレオ。店の女の子がレコードをかけたがる。奥さんたちに合うようなのもありますよと、一曲かける。〈その次には、顔の二倍ほど頭をふくらませて結った女の子がやってきて「恋心」というのをかけていった〉。二倍ほど、ことばもふえる。

より長くなることも。北富士演習場の入口の前に立看板。小屋には反対運動「忍草《しぼくさ》母の会」のおばさん。交代で詰めるそうだ。「主婦の友が十冊ほど積んである」「水がめにはひしゃくがつっこんである」。闘うおばさんを克明にスケッチ。それ以上は立ち入らないのに、時代の空気が伝わる。近隣の村に住む中村星湖（「少年行」で知られる自然主義の作家・当時八五歳）の話を聞きに行く。「庭にはぶどう棚がある。てっせんと敦盛草が咲いている。開け放った部屋で机に向い、中村星湖さんは葉書を書いておられた」。ひとり暮らしの明治の文士の姿をこまやかに描く。いまから五〇年前のことなのに、その場にいる心地に。こちらも豊かな一日になる。

　名前も知らない花。また一輪咲いた。花の柄は、くにゃくにゃ。猫の手をいじっているときみたい。「動物のような花」だ。「毎年、不思議でたまらない。散ってしまうとほっとする」。鋭い一節である。単純なことは、簡単に書く。とどまるときは、裾野まで見わたす。事実をめぐる文章は多様だ。そのときもっともふさわしい形をとるので、一瞬一瞬が輝く。『富士日記』を開くと、文章に会うことができる。文章というものを知ることができる、ともいえるだろう。日記は、一三年つづいた。

　一九七六年九月、東京。夫が亡くなる二週間ほど前。向かいの丘の新築マンションに、いつまでも、灯りがついている部屋がある。「眠くなりそうになると、その部屋をみつめて夜が明けるのを待った。夜中ずっと雨が降って、風もつよくなった。朝になると風はやんで、小ぶりの雨だけになった」。『富士日記』最後の一日である。

（二〇一九年、中公文庫）

窓の旅

田中小実昌『ほのぼの路線バスの旅』

昭和後期のもっともすぐれた小説の一つ、「ポロポロ」などで知られる田中小実昌《こみまさ》（一九二五－二〇〇〇）の紀行文だ。初刊は一九九六年。

冒頭の一節は、「はじめてのバスはコドモみたいにうれしい」。

都内の自宅から「西へ西へのバス旅」の記録だ。乗合バスを乗り継ぎ（高速バスは乗らない）、首都圏、東海道、山陽道と進み、鹿児島に着くまで二〇年を要した。それもそのはず。たとえば千葉・津田沼から東京へ帰りつくのに「足かけ三日かかった」。鉄道はあってもバスはないから遠回り。日が暮れたら、その町の呑み屋で飲んで宿泊もしくは東京に戻り、現地から再スタート。記録をめざすものではない。単に乗るだけの、どこにも焦点のない旅。そこに新しい世界が開く。路線、バス停、料金は当時（一九九五年以前）のもの。以下、一部簡略に。

綱島駅東口から横浜駅西口行の、横浜市営バス、均一の一一〇円。「いいバスだった」。景色は特別ではないのに、空があり、丘があり、「ココロがバスの窓からただよいでて、あかるく、あけっぴろげな陽のなかに、とけこんでいくみたいだ」。

平塚では、「平塚駅の東口のほうのヌード劇場に、ぼくは、十日ばかりでていたことがある」。著者は東大哲学科在学中からコメディアン、そのあと易者、香具師《やし》としても各地に足跡を残したので、思い出あり、知る人あり。文章はあの町この町に立ち寄ることになる。箱根・仙石原では突然、こう書く。仙石原も、富士山も切れ目なく変化する。「宇宙がうごいているのに、辞書やライターがどうして、うごかないでいられようか」。道をまちがえたようにも思うが、頭のなかの寄り道はシャープ。

倉敷駅から両備バス。「水玉ハイウェイ、江長十字路。ヤットコというバス停がある。箆取《へらとり》神社、ドンドン。こんな地名ははじめてきいた」。著者の父（牧師）は静岡生まれだが、母は大分・日田の旧・小野村生まれ。福岡のすぐ近くなのに、大分か別府に出て船に乗り、国東半島を回り、関門海峡を抜け、「船ものりかえて」、福岡の女学校に。そこまで「五日ぐらいかかったという」。母も子も「乗りつぎ」が得意のようだ。

バスは「間近にものが見えるので」好きだが、「遠見にはヨワい」。でも地域を見渡すと、こんなことも。「屋根瓦のはしを白く縁どった、まるで瓦が白い鉢巻をしてるみたいな屋根瓦の飾り」は、山口の田舎にあったが、下関市街では消え、福岡県になると現れたり、なくなったり。「熊本県の南部まで、それをくりかえしたが、鹿児島県ではやっと見えなくなった」。こんな観察もバスならではだ。

バスは、鉄道などより地味な乗り物。でも車窓からはその地その地の風光や暮らしを、じかに感じとれるので楽しい。ここに次々に記されるバス停の地名は、読んでいるときはさほどではなかったのに、数ページも過ぎると、懐かしいものになる。富士山も仙石原も辞書も変わるように、日本各地の生活が静かに少しずつあらたまるようすも、この本で感じとることになるだろう。

終点の鹿児島では、川内《せんだい》から林田バス。ひまわりの花が見え、欧州北部の畑を思い出す。「ひまわりの花がまっ黒に枯れて、それが見わたすかぎりつづき、まるで、畑が空襲にでもあったみたいだった」。遠い風景も見える、バスの旅だ。

（二〇二〇年、中公文庫）

離れた素顔

吉田一郎『世界飛び地大全』

飛び地とは、同じ行政区画なのに離れたところにある地域のこと。地域が遠い地点へ「飛んでいる」ことから、いう。日本にも多いが、世界にも多数存在。

吉田一郎『世界飛び地大全』（角川ソフィア文庫）は、飛び地の位置と沿革を克明に記す一冊。初刊、二〇〇六年。著者は一九六三年、東京生まれ。

この本を読むことで、これまで知らなかった地域の素顔を知ることができた。

世界最大の飛び地は、アメリカのアラスカだ。一八六七年、ロシアからアメリカがお金で買った。アメリカとアラスカの間には、カナダがある。船で、太平洋に出れば、じかに行けるけれど、陸つづきではない。カナダという別の国が間にあるので、飛び地である。

この他、普通の世界地図で確認できる飛び地は、アラスカ以外にもある。

ロシア領のカリーニングラード（旧ケーニヒスベルク）は、バルト海に面する地域で、リトアニアとポーランドの間にあり、ロシアとは完全に切り離されている。かつてはドイツ領。哲学者カントが生まれた。〔付記／二〇二二年、ロシア軍のウクライナ侵攻により、ロシア・スウェーデン間で緊張が高まる地域。〕

国家、民族間の係争、自然状況、ささいな行きがかりなど飛び地が生まれる理由はさまざまだが、中央アジア・旧ソ連圏も飛び地が多い。地図でポツポツと飛び地らしきものが見えるが正確には読みとれない。ウズベキスタン領に囲まれた、キルギスの飛び地バラクの六二七人は、みんなキルギス人。郵便局がないので郵便が届かない。停電も多い。治安も悪い。「村人たちはキルギス人とウズベク人の衣装を持っていて、周囲のウズベキスタンの町へ行くときは、ウズベク人の恰好をして出かけるそうだ」。逆に観光名所になるなどで潤い、住民の大半が「飛び地のままがいい！」と主張する。そんな例も世界各地にある。

アラブ首長国連邦に囲まれたオマーン領の飛び地マダのなかに、アラブ首長国連邦の飛び地ナワがある。飛び地のなかの、飛び地なのだ。ああ、これは、どう考えたらいいのだろうか。他にも、家が数軒あるだけの飛び地や、六〇年間の長きにわたって忘れられていたヘチマ形のリオ・リコ（メキシコ・旧アメリカ領）など個性ゆたかな飛び地も、本書に登場する。「国境」の秘境が照らし出されていく。

ぼくは小学生のとき、世界地図帳でインドのアラビア海に面した町のいくつかが、明らかに国境線らしきものでそこだけ区切られているのを見て、不思議に思った。北から南へ、ディウ（ジウ）、ダマン、そして「黄金のゴア」のゴアだ。三つともポルトガル領と記されていた。ポルトガル本国からは遠い。この三つの町は「植民地」なので、飛び地のように見えるが、飛び地とはいわない。同じ「法域」にある国の地域が離れているのが飛び地。一九六一年一二月、インド軍が侵攻し、ゴアは陥落。ゴアもディウもダマンも、インド領となって現在に至る。

イタリア共和国のなかのサンマリノ、南アフリカ共和国のなかのレソト（当時はバストランド）、フランス・スペイン国境のアンドラなどの小さな独立国や公国も、子どものぼくには、どこかの国の飛び地に思えた。シッキム（現在はインド領）なども飛び地に思えたが、そうではなかった。地理を理解するごとに、いくつかの「飛び地」が消えていったことになる。

飛び地には、いくらか謎めいた印象があり、その地形にも惹きつけられる。

紀伊山地に、一般の地図で確認できる飛び地がある。小学生のとき、これを見て、不思議な気持ちになった。和歌山県東部の山間部。実に複雑な地形をした飛び地。それが和歌山県東《ひがし》牟婁《むろ》郡北山村だ。三重県と奈良県の県境の地域なので、和歌山県とは全く接していない。なのに、和歌山県なのだ。なぜか。昔から、北山で切りだされる材木は、北山川に流して下流の新宮市（和歌山県）に運ばれた。それで北山と新宮市の結びつきが強く、市町村合併の話があっても住民は和歌山県のなかに入ることを望んできた、といういきさつがあるからだ。北山村には現在（二〇二三年）、三七四人が住む。小学校一つ、中学校も一つ。自然に囲まれた静かな村だろう。

飛び地には、他の地域とは少しちがう空気が流れているように思う。夢が一筋光っている。そんな場所かもしれない。

（二〇一四年、角川ソフィア文庫）

会話のライバル

岩田一男『英単語記憶術――語源による必須６０００語の征服』

岩田一男（一九一〇―一九七七）の『英単語記憶術』は一九六七年、カッパ・ブックスで刊行。このたび、ちくま文庫で約五〇年ぶりに出版された。「語源による必須６０００語の征服」の副題通り、英単語を語根、接尾辞などで分類して、記憶しやすいように並べたもの。初版が出た一九六七年は、ぼくが高校二年のときだが、同じ年に森一郎の『試験にでる英単語』（青春出版社）も刊行された。ぼくはこちらを買った。いまも郷里の書棚にある。『試験にでる英単語』は、大学入試で頻出度の高いものから単語を配列したもの。岩田一男の『英単語記憶術』は、受験生向けというより、教養書として位置づけられるものである。以下、少しだけ紹介してみる。

apartments（アパート）も、department（部門）も、participate（参加する）も、ひとつひとつ覚えるのは大変だが、これらはみな part（部分）という語根から来ているとわかると「パッと電気がつうじる」。アパートは部分部分の部屋の集まり。department store（デパート）は、いくつもの売場の部門からなる。participate は、みんなが part（部分、役割）をとるから「参加する」。particular にも part があるが、部分ばかりだから「特殊な」。というように、ことばが数珠つなぎになって登場。単語の理解が一挙に早まることに。

river の両岸で魚をとりあうので、rival。arrive は、川岸に着くという意味。ven は「来る」に関係。event は、e（外）へ来る、だから「出来事」。prevent は、pre（前）に来るから「妨げる」となる。

consumption は、そのなかの sum が「取る」という意味なので、全体を通すと「残らずとってしまう」すなわち「消費」。肺を使い尽くすことから「肺病」の意味も。

半世紀前は、たとえば privacy（プライバシー）ということばは一般的には知られていなかった。プライバシーという概念そのものが日本にはなかったのだ。それで本書では、「三島由紀夫の『宴のあと』をめぐる紛争で有名になったプライバシー」という説明がある。こういうところには時代を感じる。でもそれも勉強になる。

いま挙げた英単語のなかでは、イベント、ライバル、パートのようにすっかり定着したことばもあるが、いっぽうで、プリベント、アライブなどはもっと日本でも使われていいと思えるのに、カタカナ語としては使われていない。よく似た英語があり、それらと耳で区別しにくいことなどがその理由かと思われるけれど、その一点を考えてみるだけでも面白い。ページを繰っていくと、いろんな興味が生まれてくる。

本書は、あくまで英語に対する知識を「経験」させるもの。会話のためにつくられてはいない。いまの日本の英語教育は、「話す」ことに重点をおくが、それとはむしろ反対の方角を向いたものだ。でもかえって、ことばに対する知識と感性は磨かれるように思う。会話だけを目的にすると、ことばそのものへの興味や関心はよわまるのではなかろうか。

三〇年前、ギリシアに取材に行ったとき、アメリカから来た女性記者とたまたま話す機会があった。ぼくは英会話がまったくできないけれど、知っている英単語をなんとか使いながら、アメリカの作家マラマッドについて、二人で話をした。楽しかった。

少し深い話をしようというときには、英会話の技術ではなく、英単語が力になることがわかった。また、そこでする話に、それなりの内容があれば、会話はなんとか成立するのだということも。もちろん会話ができるに越したことはないけれど、ひとつのことに知識や意見をもつことも大切なのだと思う。

（二〇一四年、ちくま文庫）

ソクラテスと詩

プラトン『プロタゴラス――あるソフィストとの対話』

同じプラトンの著作でも『ソクラテスの弁明』とちがい、『プロタゴラス』はなじみがうすい。『プロタゴラス――あるソフィストとの対話』（中澤務訳・光文社古典新訳文庫）は藤沢令夫訳（岩波文庫）以来、五一年ぶりの新訳。

ソクラテス、三六歳。老獪なソフィスト、プロタゴラスは六〇歳ころ。二人の激しい論戦を、プラトンが再現したものだ。紀元前五世紀。アテネでは徳（アレテー）を説く職業教師プロタゴラスが、たいへんな人気。ソクラテスのもとにも、青年がやってきて、「さあ、すぐに彼のところに行きましょう」と誘う。ソクラテスは答える。「でも、きみは、そもそも何者のもとを訪ねるつもりでいるのかな？　そして、きみは何者になるつもりなのだろう？」と。新訳でも一六頁分、この問答がつづく。ひとつのことにここまで滞留することは、いまはない。こちらもゆっくり読んでいく。

プロタゴラスは、徳は人に教えられると自信たっぷり。徳は教えることができるのかと、ソクラテスは考える。プロタゴラスに立ち向かうソクラテス。どちらも負けないし、ねばりづよいので議論は二転、三転。ソクラテスは要所で論点を整理し、同意を誘い、プロタゴラスを追いつめていく。


〈「反対のしかたでなされますね？」

「そのとおり」

「反対物によってなされるのですね？」

「そうだ」

「そうすると、無分別は節度の反対物であることになりますね？」

「そうなるようだ」〉

どんどん押すソクラテス。ついにプロタゴラスはやる気をなくし、ああ、もういい、「自分で決着をつけてくれ」。結局、徳とは何かの答は出ない。見えてこない。なのに読んでいると、目の前が明るくなり、みちたりた気持ちになる。それが、「考えつづける」人を見つめることの意味なのだと思う。いまはいろんな場面で単純な「解答」を求める人がふえているが、答のない世界をしっかり見つめたい。

詩が、文学の中心。第六章「ソクラテス、詩を論ず」も白熱。シモニデスの詩の一節

「ほんとうによい人になることこそ困難だ」と、そのあとの一節の「矛盾」をどう解釈するか。「詩歌を解する能力」を競う場面で、ソクラテスは、詩人シモニデス固有の「言葉の使いかた」（その一語をいつもどのような意味で使っているか）をみなくては詩の実相に迫れないとするなど、その詩論はきわめて鋭い。いっぽうでソクラテスは、詩歌の議論は低俗で卑しい人たちの酒宴に似ているという。解釈という決着のつきそうもないことがらに熱心になるより「自分の声と自分の言葉を使って、自分たちだけの交わりを楽しむ」ことが大切だと。やわらかい心で固められたことばがつづく。強く光りつづける。

長時間に及ぶ詩の議論は「文学論争」の基本形を示すものだ。「自分の声と……」は深くかみしめたい指摘。「対立」と「対話」は、のちの演劇の土台となるものだろう。こうしてこのプラトンの古典は、文学をはじめとする芸術の原型を鮮やかに表現し、ことばで考え、たたかう人間の永遠の姿を映し出すものとなった。プロタゴラスの別れるときのひとことも、いい。「ところで、いまの問題だが、またあとで、きみが望むときに論じることにしよう。いまはもう、別の用事に取り掛からなければならない時間なのだ」。ソクラテスは、いう。「じつは、わたしのほうも、ずいぶん前から、さきほど申し上げたところに行く時間になっていたのです」。議論のあとの、二人のことばだ。

（中澤務訳。二〇一〇年、光文社古典新訳文庫）

読書という悪書

ショーペンハウアー『読書について』

読書とは何かを知るためにはこの本しかない。これまでも、これからも。

ドイツの哲学者、ショーペンハウアー（一七八八―一八六〇）の『読書について』が出た。鈴木芳子による新訳だ。訳文がいい。文字も大きく読みやすい。「自分の頭で考える」「著述と文体について」「読書について」、以上三編で構成。

「本を読むとは、自分の頭ではなく、他人の頭で考えることだ。たえず本を読んでいると、他人の考えがどんどん流れ込んでくる」。読書は「自分の頭で考える人にとって、マイナスにしかならない」。さらにいう。

「学者、物知りとは書物を読破した人のことだ。だが思想家、天才、世界に光をもたらし、人類の進歩をうながす人とは、世界という書物を直接読破した人のことだ」。ショーペンハウアーのことばは明快。そのすべてが真実であるというしかないが、こんな一節も心に残る。「自分の頭で考える人はみな、根っこの部分で一致している」「立脚点にまったく違いがなければ、みな同じことを述べる」。

わあ、すごい。哲学というのは、そこまでもっていくのだ、ひとつもふたつも奥まで運んでいくのだということがわかる。ともかく自分の頭で考えられない人は読書などしてはならないのだ。むしろしないほうが、じかに現実に接するので、一定の知恵が保たれるというのだ。この本を読んでいくと、読書は「自分の頭で考える」ことのできる、ごく少数の人、特別な能力をそなえる人だけにゆるされるもので、そうではない人たちが少しでもかかわると、ろくでもないことになるということだ。一般読者、一般的読書の否定である。否定もだいじだと思う。本を読むことを人はこれまで肯定的にしか扱わなかった。そのために読者は自分を疑う機会を十分に与えられない。その意味でこの本のことばは、すべてに「甘い」いまのような時代にこそ向けられているのだと思う。

「書く力も資格もない者が書いた冗文や、からっぽ財布を満たそうと、からっぽ脳みそがひねり出した駄作は、書籍全体の九割にのぼる」。また、「うわべの文学」と「真の文学」に分け、それぞれを「流失の文学」「不動の文学」といいかえる。いまは「うわべの文学」「流失の文学」だけが評価される、と。読書の最大の要点は「悪書」を読まないこと。「いつの時代も大衆に大受けする本には」手を出さないのが肝要。「人々はあらゆる時代の最良の書を読む代わりに、年がら年じゅう最新刊ばかり読み、いっぽう書き手の考えは堂々巡りし、狭い世界にとどまる。こうして時代はますます深く、みずからつくり出したぬかるみにはまっていく」。読めばいいというものではない。読書そのものが「悪書」になることも多い、ということなのだろう。

この文章が書かれたのは、およそ一七〇年前だが、現在も同じ。ぴたり、あてはまる。ショーペンハウアーは、匿名の批評、言動を全否定。いまは匿名のことばが得々と画面でつぶやかれるが「愚かしくあつかましい」ことを平然とつづけている人たちは、この批判をどううけとめるのだろうか。「著述と文体について」で分析・批判される、安易な言語表現も今日目にするものの原型である。こうしてさまざまな問題点にふれる。人の生き方にも及ぶ。途方もないひろがりと、深みがあるのだ。読書を見れば、人間と社会のすべてがわかる。それがこの古典の視点である。

いまは、一般的読書が支配。本らしい本を読む人は少ない。読書が消えた時代だ。静かだ。読書とは何かを「考える」ときなのかもしれない。この本を読みながら、そう思った。

（鈴木芳子訳。二〇一三年、光文社古典新訳文庫）

「文学」確認の書

J・L・ボルヘス『詩という仕事について』

『詩という仕事について』（岩波文庫）は、二〇世紀世界文学の巨匠、ホルヘ・ルイス・ボルヘス（一八九九―一九八六）の詩の講義記録である。講義はハーバード大学で一九六七年から翌年にかけて六回行われた。その録音テープは三〇年以上、活字にもならず図書館の地下でほこりをかぶっていた。

講義部分は文庫で一七〇頁にみたないが、なかみは濃い。「詩」の一語が題にあるので、いとわしく思う人が多いかもしれないが、「詩」を「小説」「文学」におきかえても、この本においては同じことである。柔らかな語りも心地よい。

ボルヘスは詩の要素では「隠喩」を重視。カミングスの「神の恐るべき顔は、スプーンより明るく」など多くの具体例を引く。

フロストの詩の一節、「眠りに就く前に歩くべき道のりが、／眠りに就く前に歩くべき道のりが」。最初の行は「陳述」であり、次の同じ一行は「隠喩」になると。日本でこれと同じことばをつかって、二行目を「隠喩」にみせるためには、一行と二行の間に何らかの化学反応を起こさせることばの因子を入れなくてはならない。というように、ちがう国の人には通じにくい点は、文化を知るための要点となる。

「肝心なのは、本当に意味があるのは、詩が生きているか死んでいるか、ということであって、文体が平易か凝ったものであるかではないからです」「隠喩は信じられる必要はない。本当に大事なのは、隠喩が書き手の感情に対応しているとわれわれが思うことなのです」。さらに、「私は詩論のすべてを、一篇の詩を物するための単なる道具と考えています」ということばも、とうとい。こんなことをさらりといってくれる人はいないからだ。

この時点で、七〇歳になろうとするボルヘスの文学への思い。それは分析でも、理論でもない。いま心にとどまるもの、浮かぶもの、つまり感慨に力点があるようだ。「信じる」ということばもよく出る。長く生きてきて、いまこう思うということなのだ。でも「こう思う」のなかみは、文学のもっとも深いところに接する。そこにこの本の感動がある。

延々とつづく古典の物語の読み方について。「千一夜をすべて読み通したことはないかもしれないが、それらはそこに在ることによって、何となくゆったりした感じを全体に与えているわけです」。こんな見方を批評のことばで示した例は、これまであまりないのではなかろうか。「自分が読んだものの方が自分で書いたものよりも遥かに重要であると信じています」も、読むことを支柱に生きた人のことばだ。

「文学史の研究によって、われわれはかえって惑わされるのではないか」「われわれは、歴史にあまり注意を払わない方がいいのではないでしょうか」「日時を考慮しなくても芸術の完成度を認識できるという、古い考えかたの方が良いと私は思います」なども、はっとさせる。「自分の作品をいじるのは、できるだけ少なくしなさい」「自分の本来の声を、自分自身のリズムを見いだす時がきっと来ます。少し手を加えたくらいで、それが役に立つとは思えないのです」など、作品生成の場を見つめるものもある。

表現ではない、とボルヘスはいう。「私が信じているのは暗示だけです」。詩を、意味であり表現であるとする人たちは多い。詩が敬遠される理由もこれでわかる。暗示が開く楽しみを人は遠ざけた。

こうして、ことばをめぐる観点が示される。とくに新しい詩論が展開されているわけではない。それなのに読む人の視野が一気にひろがるように思えるのは、ボルヘスが他のことは切り捨て、だいじな点にしぼって確認しているからである。精確な確認こそが、文学にとっても人間にとってもたいせつなものであることを、この確認の書は物語るのだ。

文学の原基となる、詩の確認を中心にしたこともおおきい。これはいまの日本の批評家の文学論にはまずみかけないもの、期待できないものである。広義の詩は、不安なもの、よりどころのないものの象徴である。そのありかたは現代の人びとの心の位置を表しているものだといえる。このように見れば、この本が「詩の本」を超えたものであることが明らかになる。

いま、ある国のことばは、一定の方向に流れる。まとまりのつかなかった人たちが、あることをきっかけにその文章やことばの方向をそろえはじめた。一種の活力さえとりもどすという面では、文学特需とでも呼びたい現象だ。ことがことだけに誰も何もいえないという空気のなか、ただの記録文が増殖する。そんななか、ほんとうの不安がどこにあるのかは見さだめにくくなった。文学のことばと意識の確認は、これからの重要な作業のひとつとなるだろう。

ボルヘスの語りのようすも、印象的だと思った。自在ではあるが、一定のリズムのなかに、ことばが浮かぶのだ。講義は、全部で六話だが、それぞれが一編の詩の動き、物語の流れを感じさせる。とても楽しいのである。こうした語りも、文学の経験と確認から生まれるのだろう。

（鼓直訳。二〇一一年、岩波文庫）

心の影をうつしだす

『尹東柱詩集 空と風と星と詩』

人生は生きがたいものだというのに
詩がこれほどもたやすく書けるのは
恥ずかしいことだ。

これは自分を見つめる「たやすく書かれた詩」の一節。尹東柱（ユン・ドンジュ）のことばは、ことばを書きつけるすべての人の胸にひびく。

尹東柱は、いくつかの美しい詩を残して、終戦（解放）の半年前、一九四五年二月、二七歳の若さで獄死した。本書『空と風と星と詩』（岩波文庫）には全六六編と原詩（ハングル）を掲載。日本での文庫は初めて。

一九一七年、父祖移住地の中国・北間島の生まれ。原籍地の朝鮮北部（現・北朝鮮）の中学、ソウルの延禧専門学校を経て、立教大学、同志社大学に留学。治安維持法違反（そのような事実があったとは思えない）の嫌疑で逮捕され、収監。福岡刑務所で急死（生体実験、毒殺説も）。最期に何か話したが、日本人の看守にはききとれなかった。

日本統治下の朝鮮。日本語だけを用いることを強制された時期、尹東柱は朝鮮のことばで詩を書き、渡日前『空と風と星と詩』（手書きの詩集）を三部つくる。没後の一九四八年、家族や友人の思いをのせて詩集が刊行された。すでに伊吹郷、上野潤、竹久昌夫、茨木のり子らの詩集訳・作品訳があるが、金時鐘の新訳は、尹東柱の詩をより多くの人に伝える画期的なもの。「序詩」は日本留学前、一九四一年の作。その一節。

「死ぬ日まで天を仰ぎ／一点の恥じ入ることもないことを、／葉あいにおきる風にさえ／私は思い煩った。／星を歌う心で／すべての絶え入るものをいとおしまねば」

この翌年には、客地日本での孤独な下宿生活がうたわれる。前掲「たやすく書かれた詩」は「窓の外で夜の雨がささやき／六畳の部屋は　よその国、」で始まり「私は私に小さな手を差しだし／涙と慰めを込めて握る　最初の握手」で結ぶ。自分が自分と握手するしかない日々。だが尹東柱は冷静に、自分の世界と向き合った。心の影をうつすように、詩を書いた。その静けさが人をひきつける。

明日、明日というが、起きたら、「明日ではなく／今日であった」（「明日はない」）という影のあるユーモア。「弟の印象画」「このような日」の家族スケッチ、「市《いち》」の庶民風景。「皺ひとつないこの朝を／深く吸い込む、深くまた吸い込む」（「朝」）。まわりのもの、少し昔のことなどを配置しながら、順々に詩がめざめるという運びである。

　韓国の都市、地域の主要書店では、詩集と小説集でそれぞれ「ベストテン」が掲示されることが多い。一九七六年以来ぼくは韓国の旅をつづけているが、そのようすに変わりはない。尹東柱の詩集（絵本も含め、各社から何種類も）は、現代の詩集をおさえて、つねに上位。かつて抗日運動にいのちをかけた詩人たちへの畏敬の念もあり、詩の読者はとても多い。中国の科挙の影響かと思われるが、白日場（ペギルジャン・みんなで集まって詩の競作）はいまもさかん。企業でも社員のために開催する。詩人になるには通常、推薦制度を通過しなくてはならない。いったん認定されるとそのあと詩を書かなくても詩人で通る例も。内部にエリート意識がめばえ、それが詩の歩みを止めるのだ。

　尹東柱は、そんな現代とは別の時節に生まれ、詩の原郷のような場所から、清涼な詩を届けた。「白骨に気《け》取られない／美しいまた別の故郷へ行こう」（「また別の故郷」）。

　尹東柱の詩は中国、北朝鮮、韓国、そして日本という、現在の四つの国と、深いかかわりをもった。どの国の人にも、たいせつな詩人である。

（金時鐘編訳。二〇一二年、岩波文庫）

二五歳の世界史

エルンスト・H・ゴンブリッチ『若い読者のための世界史』上・下

『若い読者のための世界史』上・下（中公文庫）は、ウィーン生まれの美術史家エルンスト・H・ゴンブリッチ（一九〇九―二〇〇一）が、原始から現代、第一次大戦までの歴史を書き表したもの。〔付記／二〇一二年、全一冊の改訂版が中公文庫で刊行された。〕

一九三五年、二五歳のときに書いた。ウィーン大学を出ても仕事がない。ある日友人が英語の本「子どものための歴史書」のドイツ語訳をゴンブリッチに勧めた。彼は「自分ならもっと良いものが書ける」といって、短い期間で書きあげた。歴史を学んだ人ではない。でも歴史の魅力を伝える本になった。

「昔、むかし」「偉大な発明者たち」「ナイル川のほとり」「日月火水木金土」「唯一の神」「だれもが読める文字」「けたちがいの戦争」など親しみやすい題で、全三九章。たとえば第九章「小さな国のふたつの小さな都市」は、古代ギリシアの部族のこと。

「これら部族は、ことばや姿ではたがいに大きなちがいはなく、話すことばは、耳をかたむければたがいに理解できる、同じ言語のなかの方言であった。しかし彼らは、しばしば、たがいに耳をかたむけることをしなかった。」

　彼らを結びつけるものは「共通の信仰と共通のスポーツ」。オリンピックの起源である。それにしても「耳をかたむけることをしなかった」という表現は楽しい。同じ章。紀元前四八〇年テルモピュレーの戦いで、スパルタ人は教育された通り、勇ましく死んだ。アテナイ人はどうか。

「武にかけて死ねることは、小さなことではない。しかし真に生きることは、おそらくもっとむずかしい。アテナイ人がえらんだのは、このよりむずかしい道であった。楽しく、快適に生きることではない。意味をもつ生き方である。」

　ああ、そうだったのかとぼくは思い、このあとのギリシアの哲学、建築、演劇（悲劇・喜劇）を語るところも理解できる心地に。こんなことは知っているよと知識のある人はいうかもしれない。でも著者のやわらかい、はずむような文章で、ことの輪郭を知る。それがこの本を読む人のよろこびだ。

　第一一章「大きな民族の偉大な教師」では、アジアの「偉大な教師」孔子、老子を素描。第一二章は「偉大なる冒険」。アレクサンドロスの遠征が、世界を変える話だ。

これ以上遠くには行きたくないよと、兵士たち。アレクサンドロスはしぶしぶ帰郷に同意。だが「ひとつのわがままを彼はつらぬいた。きたのと同じ道をもどらないことであった」。そのため、さらに「新しい世界」を見ることができたのだ。

下巻（ルネサンスから現代）では宰相ビスマルクと社会主義の係わりに目をとめるなど、より激しくなった歴史の節目と流れを簡潔に、印象的に描く。また、「かつてのアテナイの市民のように、自由で独立していた」「ハンニバルも越えたであろうモンスニの峠を越えた」というように、以前の章の舞台を再現しながら読者を導く。世界史の概略がこの一冊でわかるというわけにはいかないが、想像以上に充ち足りた思いになる。

美術史の人なのに、その方面の知見を披露する箇所は、とくに見あたらない。ゴンブリッチ青年は、ひろいところで、歴史を書きたかったのだ。こうした総合的な意識と能力をもつ書き手は、いまの時代も、とても少ない。その意味でこの本は、ひとつの歴史を示す。

日本のことは少ない。開国に至る流れを記す場面で「日本人は、世界史のもっともすぐれた生徒であった」。日本はあまり出てこないけれど、世界の歴史のなかでは、これくらいがちょうどいいかも。

（中山典夫訳。二〇一二年、中公文庫）

経験と未来

『一杯のおいしい紅茶――ジョージ・オーウェルのエッセイ』

イギリスの作家、批評家ジョージ・オーウェル（一九〇三―一九五〇）は、『動物農場』『一九八四年』などの名作の他に、生活、自然、作家活動を記録する数多くのエッセイを書いた。『一杯のおいしい紅茶』は、希代の文学者の素顔が伝わる一冊。全三七編による新編。文庫は初めて。

「一杯のおいしい紅茶」は、紅茶の選び方、ポットでいれること、濃さが肝心、紅茶に入れるミルクから乳脂分を取り除くなど、一一項目。こまかく親切なので楽しい。世界最低といわれるイギリス料理を「弁護」。上等のイギリス料理には「個人の家庭以外ではまずお目にかかれない」とか。

「暖炉の火」。暖炉の第一の長所は「部屋の一隅しか暖まらないので、否応なしにみんなが仲良く一箇所に集まってしまう」点にある。「火というのは、二分と同じ形をしてはいない」。子どものときに火を知るのはとても大切なことだと。未来に向けた鋭い指摘だ。さまざまなものをまじえながらも、端的に書く。エッセイの極致というべきだろう。「ガラクタ屋」。いつ行っても、並ぶ品物が同じで、ここで何か買ったこともないのに、「その辺へ行ったときには、かならずちゃんと寄って丹念に眺めないと気がすまないのである」。そんな店もあるというのだ。身近なものをめぐる、重心の深いエッセイが次々に現れる。

たとえば「ヒキガエル頌《しょう》」。「燕よりも水仙よりも早く、ほぼユキノハナと同じころに現れて春が来たのを思わせてくれる」のがヒキガエル。「ヒキガエルの目は、あらゆる生物の目のうちでも、いちばん美しいと言ってもいいのだ」。このあと、こうした季節の到来や移ろいを楽しむことを否定する理論を紹介。「人生の現実の流れを楽しむのは一種の政治的静観主義」「すでに所有しているものをいっそう楽しむだけではいけない」という見方がいっぽうにあるそうだ。オーウェルのエッセイの特色はとても短いのに、最後まで読まなければ内容がわからない点だと思う。散策のように、気ままに書きながら大きな山、小さい丘を越えて行く。一編の空気から、現在だけではなく未来にかかわる多彩な論点がわき出てくる。この豊かさは他の文学者のエッセイにはまずないものだろう。

多分読む人が気にかけるのは「なぜ書くか」という一編だろう。オーウェルは一六歳のころ、ミルトンの『失楽園』の、「こうして彼は苦難と戦いながら／進んで行った。苦難と戦いながら」という詩句に、突然、「言葉そのものの魅力」を知り、背筋がぞくぞくしたという。非凡だ。この詩の単純な繰り返しの妙味は、詩を読みなれている人でも感じとれないものかもしれない。

散文を書く動機は、四つ。一、純然たるエゴイズム。二、美への情熱。三、歴史的衝動。四、政治的目的（人びとの社会観を変えたいなど広い意味）。平和であれば、最初の三つで十分だったのだが、困難な時代に置かれたために、「政治的誠実」を意識したと、ジョージ・オーウェルは記す。

文章の一滴一滴に、広く人間の経験と課題が映し出されている。エッセイとは本来、ここまで進んで行くべきものなのだろう。文章は、最後までつづく。どんなに短くても、そこに深いもの、美しいものがある。そんなエッセイを、オーウェルは書いた。

（小野寺健編訳。二〇二〇年、中公文庫）

書棚から III

大岡信『詩人・菅原道真――うつしの美学』／大岡信（一九三一―二〇一七）の古典論、後期の代表作。初刊は一九八九年。漢詩人、菅原道真（八四五―九〇三）の讃岐守在任時の「寒早十首」は、古代末期の人びとの貧窮のようすを職業、境遇別に見つめ、和歌では届かない領域に分け入る。古代詩の革新性を照らす詩論。（二〇二〇年、岩波文庫）

丸山眞男『超国家主義の論理と心理 他八篇』／丸山眞男（一九一四―一九九六）の戦後初期の論文集。表題作は敗戦の翌年に発表、大きな反響を呼んだ。日本軍国主義の思考過程を究明する、歴史的論考。（古矢旬編。二〇一五年、岩波文庫）

橋川文三『昭和維新試論』／橋川文三（一九二二―一九八三）、最後の著作。昭和維新の起源を見つめる。第一章から第三章では、「桃太郎」の旗をかかげ、街頭演説をする清貧の国士、渥美勝の孤影を鮮やかに映し出す。人を知ることの大切さを知らせる重要な書物

である。解説、鶴見俊輔。初刊は一九八四年。　（二〇一三年、講談社学術文庫）

川勝義雄『魏晋南北朝』／一九七四年、『中国の歴史』の第三巻として刊行された川勝義雄（一九二二―一九八四）の著作。群雄割拠の時代、貴族制社会は、武力を牽制しながら文化を熟成させた。沈黙の乱世、四〇〇年の光と影。　（二〇〇三年、講談社学術文庫）

大竹新助『写真・文学散歩』／大竹新助（一九一六―一九九七）の写真と文による明治・大正・昭和文学案内。幸田露伴「五重塔」（写真は焼失前）、有島武郎「カインの末裔」、川端康成「雪国」、尾崎士郎「京浜国道」などの舞台六九景の、モノクロ写真。どの一景も貴重。序文、志賀直哉。翌年、続編も刊行。　（一九五七年、現代教養文庫）

大西巨人編『日本掌編小説秀作選』上・下／作家、大西巨人（一九一六―二〇一四）の編集による近代・現代の短編集成。全五八編。隠れた名作も選ばれた、アンソロジーの金字塔。里見弴「椿」、広津和郎「崖」、黒島伝治「その手」、藤沢桓夫「子供」など数多くの作品とここで出会うことができた。初刊は一九八一年。　（一九八七年、光文社文庫）

小島政二郎『食いしん坊』1・2／百年の人生を生きた文士、小島政二郎（一八九四―一九九四）は、大の甘党。銀座の空也餅、前橋の片原まんじゅう、京都北野の栗餅、石川・松任《まっとう》のあんころ、佐賀ボーロ、鹿児島のカルカンなどの銘菓を語る。製法、名店、地域の嗜好にもふれる。初刊1・一九五四年、2・一九七二年。　（一九八七年、朝日文庫）

岸田劉生『摘録 劉生日記』／岸田劉生（一八九一－一九二九）は、大正九年元旦から大正一四年七月九日まで一日も欠かさず日記（絵日記）をつけた。その抄録。「麗子像」の麗子との時間。外出先の光景。話を楽しむ人たち。何もないときは畳の上で、すもうを楽しむなど、若き天才画家の一日一時が輝く。（酒井忠康編。一九九八年、岩波文庫）

イリヤー・レーピン『ヴォルガの舟ひき』／「ヴォルガの舟ひき」で知られるロシアの画家、イリヤー・レーピン（一八四四－一九三〇）の自伝とエッセイを収めた一冊。生まれ故郷ウクライナの思い出、青春時代のスケッチ旅行のようすなどが、みずみずしい筆致で描かれる。どの場面の文章も、名画のような彩り。（松下裕訳。一九九一年、中公文庫）

M・J・アドラー、C・V・ドーレン『本を読む本』／M・J・アドラー（一九〇二－二〇〇一）と、C・V・ドーレン（一九二六－二〇一九）、アメリカの二人の学者による読書論。原著は、一九四〇年。一九七二年改訂。小説、詩、戯曲の読み方など、読書に必要な基本事項の確認と、そこからの展開を、目に見えるように記す。すみずみまで面白い。ギボンの『ローマ帝国衰亡史』。そこに「衰亡」の文字があるのに、「興亡」だと思う人が多いとか。まず題名をしっかり理解すること。それが大切だと。『本を読む本』も、題名から読むことになる。（外山滋比古、槇未知子訳。一九九七年、講談社学術文庫）

あとがき

多くの場合、一冊の単行本から、一冊の文庫になる。単行本という最初の世界を通ってきた文庫に、読者は安心して向き合える。そして、文庫から始まる、新しい世界を見ることができるのだ。読み終えたあと、柔らかくなった紙の感触もいい。読んだ。確かに読んだ、しっかり読んだ。そんな気持ちになる。それが文庫だ。

文庫には、古典的価値をもつもの、これからの時代にこそ光を放つものも多い。読書生活の大きな部分は、文庫を読むことで形成されるといっていいように思う。

書評をするときも、文庫が多い。現在執筆している新聞の書評欄では、単行本について書くことはあまりない。読者が手にとりやすいことを考え、なるべく新刊の文庫を選ぶようにしている。それもあって、文庫について書いたものがとても多くなった。

本書『文庫の読書』には、六二冊の文庫についての書評・エッセイと、八冊の文庫の巻末解説、合わせて七〇編（七〇冊）を収録した。一九九二年から二〇二二年まで、三〇年間のものから選んだ。そのうち単行本未収録は一三編である。

Ⅰ章には日本の小説、Ⅱ章には海外の小説（童話を含める）を、それぞれ著者の生年順に配列。文学の流れが見えやすいかと思い、そのように構成した。Ⅲ章には古典、評伝、詩歌、批評、随想などを、日本、海外の順に。こちらは生年順ではない。

いうまでもなく、書く機会がなかった文庫は多数ある。単行本の書評を書いたけれど、文庫になったときは書いていないなど。それらがこの場にないのは心残りなので、Ⅰ、Ⅱ、Ⅲ各章のあとに、「書棚から」の題で、三〇冊を短い文で紹介した。ここでもⅠ、Ⅱは生年順とした。以上で、合わせて一〇〇冊である。著者は重ならないようにした。

初刊、改版、副題、作品の発表年など何点かのデータは省略した。表記、和暦・西暦、引用の記号は、原則として発表時のままにしたので統一していない。一部、改稿した。

直接の対象とした文庫の他にも、同題、同内容の文庫が出ているので、一〇〇冊のうちの八〇冊ほどは、どこかの文庫で、現在も読むことができる。本書には記さなかったが、シリーズの文庫、巻数の多い文庫では、中学の頃から愛読の『現代詩人全集』（全一〇巻・角川文庫）の他、『日本の歴史』（全二六巻、別巻一・中公文庫）、司馬遼太郎『街道をゆく』（全四三巻・朝日文庫）などのロングセラーが書棚にある。いまも折にふれて開く。

日本・海外の作品を見つめて思うことは、こちらが読んで感じた以上の、はるかに深いものが、そこに存在することだ。本書のぼくの文章は、鑑賞としても、文学案内としてもいたって不十分なものである。でもこの作品は知らなかったので読んでみたい、と思ってくださる方が、少しでもいれば、著者としてはうれしい。

この文庫を企画していただいた、中央公論新社文庫編集部の太田和徳さんと、ご担当くださった橋爪史芳さんに、深く感謝したい。

最初に文庫を買ったのは、中学三年のとき。映画になった若杉慧の青春小説『エデンの海』（角川文庫）だ。奥付を見ると、昭和三九年八月三〇日、第三四版、定価五〇円。この『エデンの海』のカバーは、波立つ海面のカラー写真で、それに、両袖のビニールのカバーがかけられている。この形で刊行された一時期があったのだ。そのあとは、ひと頃まで、パラフィン紙をかける文庫があった。白、赤、緑などの薄い紙の帯をかけるものもあった。こうした装いも読書の日々を彩る。

これからも、文庫の読書をつづけたい。

二〇二三年三月二五日

荒川洋治

底本・初出一覧

『読書の階段』(毎日新聞社・一九九九年)

肖像の手法　講談社文芸文庫・解説・一九九八年九月

習慣詩人　角川文庫・解説・一九九九年一月

『忘れられる過去』(みすず書房・二〇〇三年)

忘れられる過去　「一冊の本」二〇〇二年一二月号

話しながら　「一冊の本」二〇〇二年六月号

『世に出ないことば』(みすず書房・二〇〇五年)

畳の上の恋　「モルゲン」二〇〇四年一〇月号

いま動いた　「モルゲン」二〇〇四年六月号

水曜日の戦い　「モルゲン」二〇〇五年六月号

『黙読の山』（みすず書房・二〇〇七年）

世の中の世界　講談社文芸文庫・解説・二〇〇七年一月

『文学の門』（みすず書房・二〇〇九年）

岸辺の声　「毎日新聞」二〇〇九年一〇月一一日

『昭和の読書』（幻戯書房・二〇一一年）

幸福の眼　「モルゲン」二〇一一年五月号

消えていくこと　「毎日新聞」二〇一〇年八月一日

芸術の人生　「毎日新聞」二〇一一年二月二七日

金柑の声　「毎日新聞」二〇一〇年一月二四日

ソクラテスと詩　「週刊朝日」二〇一一年五月二〇日号

「文学」確認の書　「毎日新聞」二〇一一年七月一〇日

『文学のことば』（岩波書店・二〇一三年）

散文作家の軌跡　「毎日新聞」二〇一二年九月二三日

文学誕生以前の空気　「毎日新聞」二〇一一年一〇月一六日
「霧の中」の日々　「モルゲン」二〇一二年八・九月号
おくまとサチ代　「毎日新聞」二〇一三年二月三日
月のように照らす　「毎日新聞」二〇一二年一〇月二八日
心の影をうつしだす　「毎日新聞」二〇一二年一二月二日
二五歳の世界史　「毎日新聞」二〇一二年八月五日

『過去をもつ人』（みすず書房・二〇一六年）

「銀の匙」の女性　「モルゲン」二〇一四年六月号
大空の井戸　「毎日新聞」二〇一四年七月六日
城の町にあること　「モルゲン」二〇一三年九月号
聖家族　「毎日新聞」二〇一四年八月二四日
葡萄畑を抜けて　「モルゲン」二〇一五年九月号
親しみのある光景　講談社文芸文庫・解説・二〇一五年四月
椿姫　「毎日新聞」二〇一五年七月一二日
ブラジルの代表作　「毎日新聞」二〇一四年三月九日
壊す人　「モルゲン」二〇一三年七月号
壁の線　「モルゲン」二〇一三年一〇月号
旅　「毎日新聞」二〇一六年二月一四日

雨の中の道　「毎日新聞」二〇一五年六月七日
寺山修司の詩論　「毎日新聞」二〇一三年九月二九日
誰よりも早い声　「毎日新聞」二〇一四年一〇月二六日
正宗白鳥の筆鋒　「毎日新聞」二〇一五年九月六日
会話のライバル　「モルゲン」二〇一五年三月号
読書という悪書　「毎日新聞」二〇一三年八月一一日

『霧中の読書』（みすず書房・二〇一九年）

集落の相貌　「毎日新聞」二〇一八年四月二九日
垣根をこえて　「毎日新聞」二〇一九年六月二三日
「幸福な王子」の幸福　「モルゲン」二〇一七年六月号
ゴーリキーの少女　「毎日新聞」二〇一九年三月一七日
荷車の丘の道　「毎日新聞」二〇一九年一月二〇日
光のなかでリーナは思う　「毎日新聞」二〇一八年六月三日
美しい人たちの町　「毎日新聞」二〇一七年九月二四日
明快な楽しみ　「毎日新聞」二〇一七年六月一八日
太陽の視角　「毎日新聞」二〇一七年八月六日
与謝野晶子の少女時代　「毎日新聞」二〇一八年一〇月二八日
夢の生きかた　「毎日新聞」二〇一六年九月一八日

流れは動く　「毎日新聞」二〇一八年一月二一日
第一印象の文学　「毎日新聞」二〇一八年八月一九日
離れた素顔　「モルゲン」二〇一六年一一月号

『文学は実学である』（みすず書房・二〇二〇年）

場所の歳月　新潮文庫・解説・二〇〇四年八月
近代の記憶　「毎日新聞」二〇一九年一一月一〇日
紅い花　「毎日新聞」二〇一九年一〇月六日

『わたしのなつかしい一冊』池澤夏樹編（毎日新聞出版・二〇二一年）

子どもの思い出　「毎日新聞」二〇二〇年一〇月二四日

単行本未収録

苛烈な名作　「毎日新聞」二〇二一年七月三日
同じ世界から　中公文庫・解説・一九九二年一二月
薄れゆく歴史　「毎日新聞」二〇二三年九月一〇日
鮮やかな感興　「毎日新聞」二〇二〇年八月一五日

書棚から　Ⅰ　書き下ろし
湖　「毎日新聞」二〇二〇年五月三〇日
心理の夜景　「毎日新聞」二〇二一年五月一五日
書棚から　Ⅱ　書き下ろし
黄金期の詩境　「毎日新聞」二〇二一年四月三日
純白の詩　「週刊読書人」二〇二二年七月二九日号
詩人と「物」　講談社文芸文庫・解説・一九九九年五月
冬の虹　「毎日新聞」二〇二一年一〇月九日
本が心になるまで　講談社文芸文庫・解説・一九九四年五月
窓の旅　「毎日新聞」二〇二〇年七月四日
経験と未来　「毎日新聞」二〇二〇年一〇月三日
書棚から　Ⅲ　書き下ろし

本書は中公文庫オリジナルです

中公文庫

文《ぶん》庫《こ》の読《どく》書《しょ》

2023年 4 月25日　初版発行

著　者　荒《あら》川《かわ》 洋《よう》治《じ》

発行者　安部 順一

発行所　中央公論新社
〒100-8152　東京都千代田区大手町 1-7-1
電話　販売 03-5299-1730　編集 03-5299-1890
URL https://www.chuko.co.jp/

印　刷　三晃印刷
製　本　小泉製本

Published by CHUOKORON-SHINSHA, INC.
Printed in Japan　ISBN978-4-12-207348-7 C1195

さ-4-2
回顧七十年
斎藤　隆夫
陸軍を中心とする革新派が台頭する昭和十年代、「粛軍演説」等で「現状維持」を訴え、除名されても信念を曲げなかった議会政治家の自伝。〈解説〉伊藤　隆
206013-5

た-7-2
敗戦日記
高見　順
〝最後の文士〟として昭和という時代を見つめ続けた著者の戦時中の記録。日記文学の最高峰であり昭和史の一級資料。昭和二十年の元日から大晦日までを収録。
204560-6

た-15-10
富士日記（上） 新版
武田百合子
夫・武田泰淳と過ごした富士山麓での十三年間を克明に描いた日記文学の白眉。昭和三十九年七月から四十一年九月分を収録。〈巻末エッセイ〉大岡昇平
206737-0

た-15-11
富士日記（中） 新版
武田百合子
愛犬の死、湖上花火、大岡昇平夫妻との交流。昭和四十一年十月から四十四年六月の日記を収録する。田村俊子賞受賞作。〈巻末エッセイ〉しまおまほ
206746-2

た-15-12
富士日記（下） 新版
武田百合子
季節のうつろい、そして夫の病。山荘でともに過ごした最後の日々を綴る。昭和四十四年七月から五十一年九月までを収めた最終巻。〈巻末エッセイ〉武田　花
206754-7

た-15-5
日日雑記
武田百合子
天性の無垢な芸術者が、身辺の出来事や日日の想いを、時には繊細な感性で、時には大胆な発想で、心の赴くままに綴ったエッセイ集。〈解説〉巖谷國士
202796-1

た-15-9
新版　犬が星見た ロシア旅行
武田百合子
夫・武田泰淳とその友人、竹内好との旅を、天真爛漫な目で綴った旅行記。読売文学賞受賞作。竹内好の随筆「交友四十年」を収録した新版。〈解説〉阿部公彦
206651-9

た-15-13
絵葉書のように
武田百合子
武田　花編
単行本未収録エッセイ集『あの頃』から、夫・武田泰淳や友人たちとの思い出、街歩き、旅、食べ物などについて綴ったエッセイ五十四編を厳選し、収録する。
207341-8

各書目の下段の数字はISBNコードです。978－4－12が省略してあります。

た-16-7
神馬《じんめ》／湖 竹西寛子精選作品集
竹西　寛子
表題作ほか、「兵隊宿」（川端賞）「蘭」「鶴」など自選短篇小説全十三篇に、高校の国語教科書で親しまれた随想八篇を併せた決定版作品集。〈解説〉堀江敏幸
207246-6

た-24-3
ほのぼの路線バスの旅
田中小実昌
バスが大好き――。路線バスで東京を出発して東海道を西へ、山陽道をぬけて鹿児島まで。コミさんのノスタルジック・ジャーニー。〈巻末エッセイ〉戌井昭人
206870-4

た-24-4
ほろよい味の旅
田中小実昌
好きなもの――お粥、酎ハイ、バスの旅。「味な話」「酔虎伝」「ほろよい旅日記」からなる、どこまでも自由で楽しい食・酒・旅エッセイ。〈解説〉角田光代
207030-1

た-24-5
ふらふら日記
田中小実昌
自身のルーツである教会を探すも中々たどり着けなくて――。目の前に来た列車に飛び乗り、海外でもバスでふらふら。気ままな旅はつづく。〈解説〉末井　昭
207190-2

た-30-62
瘋癲《ふうてん》老人日記
谷崎潤一郎
性に執着する老人を戯画的に描き出した晩年の傑作長篇。絶筆随筆「七十九歳の春」他、棟方志功による美麗な板画を収載。〈解説〉吉行淳之介／千葉俊二〈註解〉細川光洋
207298-5

な-6-3
歌のわかれ・五勺の酒
中野　重治
旧制四高生の青春を描く「歌のわかれ」、天皇感情を問うた「五勺の酒」に「村の家」などを収めた代表作選集。〈巻末エッセイ〉石井桃子・安岡章太郎ほか
207157-5

は-28-2
二魂一体の友
萩原朔太郎
室生　犀星
北原白秋主宰の雑誌投稿で出会い、生涯の親友にして好敵手となった二人。交流を描いたエッセイ、互いの詩集に寄せた序文等を集成する。文庫オリジナル。
207099-8

は-73-1
幕末明治人物誌
橋川　文三
吉田松陰、西郷隆盛から乃木希典、岡倉天心まで。歴史に翻弄された敗者たちへの想像力に満ちた出色の人物論集。文庫オリジナル。〈解説〉渡辺京二
206457-7

ふ-2-5
みちのくの人形たち 深沢七郎

お産が近づくと屏風を借りにくる村人たち、両腕のない仏さまと人形――奇習と宿業の中に生の暗闇を描いた表題作をはじめ七篇を収録。〈解説〉荒川洋治

205644-2

ふ-2-6
庶民烈伝 深沢七郎

周囲を気遣って本音は言わずにいる老婆（「おくま嘘歌」）、美しくも滑稽な四姉妹（「お燈明の姉妹」）ほか、烈しくも哀愁漂う庶民を描いた連作短篇集。〈解説〉蜂飼　耳

205745-6

ふ-2-7
楢山節考／東北の神武たち 深沢七郎初期短篇集　深沢七郎

「楢山節考」をはじめとする初期短篇のほか、伊藤整・武田泰淳・三島由紀夫による選評などを収録。文壇に衝撃をもって迎えられた当時の様子を再現する。〈解説〉小山田浩子

206010-4

ふ-2-8
言わなければよかったのに日記 深沢七郎

小説「楢山節考」でデビューした著者が、武田泰淳、正宗白鳥ら畏敬する作家との交流を綴る文壇日記。巻末に武田百合子との対談を付す。〈解説〉尾辻克彦

206443-0

ふ-2-9
書かなければよかったのに日記 深沢七郎

ロングセラー『言わなければよかったのに日記』の姉妹編（『流浪の手記』改題）。飄々とした独特の味わいとユーモアがにじむエッセイ集。〈解説〉戌井昭人

206674-8

ゆ-2-23
軍旗はためく下に 増補新版　結城昌治

陸軍刑法上、死刑と定められた罪で戦地で裁かれ処刑された兵士たち。戦争の非情を描く直木賞受賞作に著者自作解説を増補。〈解説〉五味川純平／川村　湊

206913-8

よ-13-13
少女架刑 吉村昭自選初期短篇集Ⅰ　吉村　昭

歴史小説で知られる著者の文学的原点を示す初期作品集（全二巻）。「鉄橋」「星と葬礼」等一九五二年から六〇年までの七編とエッセイ「遠い道程」を収録。

206654-0

よ-13-14
透明標本 吉村昭自選初期短篇集Ⅱ　吉村　昭

死の影が色濃い初期作品から芥川賞候補となった表題作、太宰治賞受賞作「星への旅」ほか一九六一年から六六年の七編を収める。〈解説〉荒川洋治

206655-7